Gadamer | Vom Zirkel des Verstehens

Great Papers Philosophie

Hans-Georg Gadamer

Vom Zirkel des Verstehens

Herausgegeben von Hans-Ulrich Lessing

Reclam

RECLAMS UNIVERSAL-BIBLIOTHEK Nr. 14226
2024 Philipp Reclam jun. Verlag GmbH,
Siemensstraße 32, 71254 Ditzingen

Gestaltung: Cornelia Feyll, Friedrich Forssman
Druck und Bindung: Esser printSolutions GmbH,
Untere Sonnenstraße 5, 84030 Ergolding
Printed in Germany 2024
RECLAM, UNIVERSAL-BIBLIOTHEK und
RECLAMS UNIVERSAL-BIBLIOTHEK sind eingetragene Marken
der Philipp Reclam jun. GmbH & Co. KG, Stuttgart
ISBN 978-3-15-014226-4

Auch als E-Book erhältlich

www.reclam.de

Vom Zirkel des Verstehens

[E24/GW57] Die hermeneutische Regel, daß man das Ganze aus dem Einzelnen und das Einzelne aus dem Ganzen verstehen müsse, stammt aus der antiken Rhetorik und ist durch die neuzeitliche Hermeneutik von der Redekunst auf die Kunst des Verstehens übertragen worden. Es ist ein zirkelhaftes Verhältnis, das hier wie dort vorliegt. Die Antizipation von Sinn, in der das Ganze gemeint ist, kommt dadurch zu explizitem Verständnis, daß die Teile, die sich vom Ganzen her bestimmen, ihrerseits auch dieses Ganze bestimmen.

Wir kennen das aus der Erlernung von fremden Sprachen. Wir lernen da, daß wir einen Satz erst ›konstruieren‹ müssen, bevor wir die einzelnen Teile des Satzes in ihrer sprachlichen Bedeutung zu verstehen suchen. Dieser Vorgang des Konstruierens ist aber selber schon dirigiert von einer Sinnerwartung. die aus dem Zusammenhang des Vorangegangenen stammt. Freilich muß sich diese Erwartung berichtigen lassen, wenn der Text es fordert. Das bedeutet dann, daß die Erwartung umgestimmt wird und daß sich der Text unter einer anderen Sinnerwartung zur Einheit einer Meinung zusammenschließt. So läuft die Bewegung des Verstehens stets vom Ganzen zum Teil und zurück zum Ganzen. Die Aufgabe ist, in konzentrischen Kreisen die Einheit des verstandenen Sinnes zu erweitern. Einstimmung aller Einzelheiten zum Ganzen ist das jeweilige Kriterium für die Richtigkeit des Verstehens. Das Ausbleiben solcher Einstimmung bedeutet Scheitern des Verstehens.

Nun hat Schleiermacher diesen hermeneutischen Zirkel von Teil und Ganzem sowohl nach seiner objektiven wie nach seiner subjektiven Seite hin differenziert. Wie das einzelne Wort in den Zusammenhang des Satzes, so gehört der einzelne Text in den Zusammenhang des Werkes eines Schriftstellers und dieses in das [E25] Ganze der betreffenden literarischen Gattung bzw. der Literatur. Auf der anderen Seite gehört aber der gleiche Text als Manifestation eines schöpferischen Augenblicks in das Ganze des Seelenlebens seines Autors. Jeweils erst in solchem Ganzen objektiver und subjektiver Art kann sich Verstehen vollenden. – Im Anschluß an diese Theorie spricht dann Dilthey von ›Struktur‹ und von der ›Zentrierung in einem Mittelpunkt‹, aus der sich das Verständnis des Ganzen ergibt. Er überträgt damit auf die [GW58] geschichtliche Welt, was von jeher ein Grundsatz aller Interpretation ist: daß man einen Text aus sich selbst verstehen muß.

Es fragt sich aber, ob die Zirkelbewegung des Verstehens so angemessen verstanden ist. Was Schleiermacher als subjektive Interpretation entwickelt hat, darf wohl ganz beiseite gesetzt werden. Wenn wir einen Text zu verstehen suchen, versetzen wir uns nicht in die seelische Verfassung des Autors, sondern wenn man schon von Sichversetzen sprechen will, so versetzen wir uns in seine Meinung. Das heißt aber nichts anderes, als daß wir das sachliche Recht dessen, was der andere sagt, gelten zu lassen suchen. Wir werden sogar, wenn wir verstehen wollen, seine Argumente noch zu verstärken trachten. So geschieht es schon im Gespräch, wieviel mehr noch beim Verstehen von Schriftlichem, daß wir uns in einer Dimension von Sinnhaftem bewegen, das in sich verständlich ist und als solches keinen Rückgang auf die Subjektivität des anderen motiviert. Es ist die Aufgabe der Hermeneutik, dies Wunder des Verstehens aufzuklären, das nicht eine geheimnisvolle Kommunion der Seelen, sondern eine Teilhabe am gemeinsamen Sinn ist.

Aber auch die objektive Seite dieses Zirkels, wie sie Schleiermacher beschreibt, trifft nicht den Kern der Sache. Das Ziel aller Verständigung und alles Verstehens ist das Einverständnis in der Sache. So hat die Hermeneutik von jeher die Aufgabe, ausbleibendes oder gestörtes Einverständnis herzustellen. Die Geschichte der Hermeneutik kann das bestätigen, wenn man z. B. an Augustin denkt, wo das Alte Testament mit der christlichen Botschaft vermittelt werden soll, oder an den frühen Protestantismus, dem [E26] das gleiche Problem gestellt war, oder endlich an das Zeitalter der Aufklärung, wo es freilich einem Verzicht auf Einverständnis nahekommt, wenn der »vollkommene Verstand« eines Textes nur auf dem Wege historischer Interpretation erreicht werden soll. – Es ist nun etwas qualitativ Neues, wenn die Romantik und Schleiermacher, indem sie ein geschichtliches Bewußtsein von universalem Umfang begründen, die verbindliche Gestalt der Tradition, aus der sie kommen und in der sie stehen, nicht mehr als feste Grundlage für alle hermeneutische Bemühung gelten lassen. Noch einer der unmittelbaren Vorläufer Schleiermachers, der Philologe Friedrich Ast, hatte ein ganz entschieden inhaltliches Verständnis der Aufgabe der Hermeneutik, wenn er forderte, sie solle das Einverständnis zwischen Antike und Christentum, zwischen einer neugesehenen wahren Antike und der christlichen Tradition herstellen. Das ist gegenüber der Aufklärung insofern schon etwas Neues, als es sich jetzt nicht mehr um die Vermittlung zwischen der Autorität der Überlieferung einerseits und der natürlichen Vernunft andererseits handelt, sondern um die Vermittlung zweier Traditionselemente, die, beide durch die Aufklärung bewußt geworden, die Aufgabe ihrer Versöhnung stellen.

[GW59] Mir scheint, daß eine solche Lehre von der Einheit von Antike und Christentum ein Wahrheitsmoment am hermeneutischen Phänomen festhält, das Schleiermacher und seine Nachfolger zu Unrecht preisgegeben haben. Ast hat sich hier durch seine spekulative Energie davor bewahrt, in der Geschichte bloße Vergangenheit und nicht vielmehr die Wahrheit der Gegenwart zu suchen. Die von Schleiermacher herkommende Hermeneutik kommt einem vor diesem Hintergrunde als eine Verflachung ins Methodische vor.

Das gilt noch mehr, wenn man sie im Lichte der durch Heidegger entwickelten Fragestellung sieht. Von Heideggers Existenzialanalyse aus gewinnt nämlich die Zirkelstruktur des Verstehens ihre inhaltliche Bedeutung zurück. Heidegger schreibt: »Der Zirkel darf nicht zu einem vitiosum und sei es auch zu einem geduldeten [E27]ten herabgezogen werden. In ihm verbirgt sich eine positive Möglichkeit ursprünglichsten Erkennens, die freilich in echter Weise nur dann ergriffen ist, wenn die Auslegung verstanden hat, daß ihre erste, ständige und letzte Aufgabe bleibt, sich jeweils Vorhabe, Vorsicht und Vorgriff nicht durch Einfälle und Volksbegriffe vorgeben zu lassen, sondern in deren Ausarbeitung aus den Sachen selbst her das wissenschaftliche Thema zu sichern.«[1]

Was Heidegger hier sagt, ist zunächst nicht eine Forde-

1 Sein und Zeit, S. 153.

rung an die Praxis des Verstehens, sondern beschreibt die Vollzugsform des verstehenden Auslegens selbst. Heideggers hermeneutische Reflexion hat ihre Spitze nicht so sehr darin, nachzuweisen, daß hier ein Zirkel vorliegt, als vielmehr darin, daß dieser Zirkel einen ontologisch positiven Sinn hat. Die Beschreibung als solche wird jedem Ausleger einleuchten, der weiß, was er tut.[2] Alle rechte Auslegung muß sich gegen die Willkür von Einfällen und die Beschränktheit unmerklicher Denkgewohnheiten abschirmen und den Blick ›auf die Sachen selber‹ richten (die beim Philologen sinnvolle Texte sind, die ihrerseits wieder von Sachen handeln).

Sich dergestalt von der Sache bestimmen lassen, ist für den Interpreten offenkundig nicht ein einmaliger ›braver‹ Entschluß, sondern wirklich ›die erste, ständige und letzte Aufgabe‹. Denn es gilt, den Blick auf die Sache durch die ganze Beirrung hindurch festzuhalten, die den Ausleger unterwegs ständig von ihm selbst her anfällt. Wer einen Text verstehen will, vollzieht immer ein Entwerfen. Er wirft sich einen Sinn des Ganzen voraus, sobald sich ein erster Sinn im Text zeigt. Ein solcher zeigt sich wiederum nur, weil man den Text schon mit gewissen Erwartungen auf einen bestimmten Sinn hin liest. Im Ausarbeiten eines solchen Vorentwurfs, der [GW60] freilich beständig von dem her revidiert wird, was sich bei weiterem Eindringen in den Sinn ergibt, besteht das Verstehen dessen, was dasteht.

Diese Beschreibung ist natürlich eine grobe Abbreviatur:

2 Vgl. etwa E. Staigers übereinstimmende Schilderung in »Die Kunst der Interpretation«, S. 11 ff.

daß jede [E28] Revision des Vorentwurfs in der Möglichkeit steht, einen neuen Entwurf von Sinn vorauszuwerfen; daß sich rivalisierende Entwürfe zur Ausarbeitung nebeneinander herbringen können, bis sich die Einheit des Sinnes eindeutiger festlegt; daß die Auslegung mit Vorbegriffen einsetzt, die durch angemessenere Begriffe ersetzt werden: eben dieses ständige Neu-Entwerfen, das die Sinnbewegung des Verstehens und Auslegens ausmacht, ist der Vorgang, den Heidegger beschreibt. Wer zu verstehen sucht, ist der Beirrung durch Vor-Meinungen ausgesetzt, die sich nicht an den Sachen selbst bewähren. So ist die ständige Aufgabe des Verstehens, die rechten, sachangemessenen Entwürfe auszuarbeiten, das heißt Vorwegnahmen, die sich ›an den Sachen‹ erst bestätigen sollen, zu wagen. Es gibt hier keine andere ›Objektivität‹ als die der Ausarbeitung der sich bewährenden Vormeinung. Es hat seinen guten Sinn, daß der Ausleger nicht geradezu, aus der in ihm bereiten Vormeinung lebend, auf den ›Text‹ zugeht, vielmehr die in ihm lebende Vormeinung ausdrücklich auf ihre Legitimation, und das ist: auf Herkunft und Geltung prüft.

Man muß sich diese grundsätzliche Forderung als die Radikalisierung eines Verfahrens denken, das wir in Wahrheit immer anwenden. Weit entfernt davon, daß, wer jemanden anhört oder an eine Lektüre geht, gar keine Vormeinung über den Inhalt mitbringen darf und alle seine eigenen Meinungen vergessen soll, wird vielmehr Offenheit für die Meinung des anderen oder des Textes schon immer einschließen, daß man sie zu dem Ganzen der eigenen Meinungen in ein Verhältnis setzt oder sich zu ihr. Anders gesprochen, Meinungen sind zwar eine bewegliche Vielfalt von Möglichkeiten, aber innerhalb dieser Vielfalt des Meinbaren, d. h. dessen, was ein Leser sinnvoll finden und insofern erwarten kann, ist doch nicht alles möglich, und wer an dem vorbeihört, was der andere wirklich sagt, wird es am Ende auch der eigenen vielfältigen Sinnerwartung nicht einordnen können. So gibt es auch hier einen Maßstab. Die hermeneutische Aufgabe geht von selbst in eine sachliche Fragestellung über und ist von dieser immer schon mitbestimmt. Damit gewinnt das hermeneu-[E29]tische Unternehmen festen Boden unter den Füßen. Wer verstehen will, wird sich der Zufälligkeit der eigenen Vormeinung von vornherein nicht überlassen, um an der Meinung des Textes so konsequent und hartnäckig wie möglich vorbeizuhören – bis etwa diese unüberhörbar wird und das vermeintliche Verständnis umstößt. Wer einen Text verstehen will, ist vielmehr bereit, sich von ihm etwas sagen zu lassen. Daher muß ein hermeneutisch geschultes Bewußtsein für die Andersheit des Textes von vornherein empfänglich sein. Solche Empfänglichkeit setzt aber weder sachliche ›Neutralität‹ noch gar Selbstauslöschung [GW61] voraus, sondern schließt die abhebbare Aneignung der eigenen Vormeinungen und Vorurteile ein. Es gilt, der eigenen Voreingenommenheit inne zu sein, damit sich der Text selbst in seiner Andersheit darstellt und derart in die Möglichkeit kommt, seine sachliche Wahrheit gegen die eigene Vormeinung auszuspielen.

Heidegger hat eine völlig richtige phänomenologische Beschreibung gegeben, wenn er in dem vermeintlichen ›Lesen‹ dessen, was ›dasteht‹, die Vorstruktur des Verstehens aufdeckt. Er hat auch ein Beispiel dafür gegeben, daß daraus eine Aufgabe folgt. Er hat in ›Sein und Zeit‹ die allgemeine Aussage, die er zum hermeneutischen Problem macht, an der Seinsfrage konkretisiert (S. u. Z. 312 ff.). Um die hermeneutische Situation der Seinsfrage nach Vorhabe, Vorsicht und Vorgriff zu explizieren, hat er seine an die Metaphysik gerichtete Frage an wesentlichen Wendepunkten der Geschichte der Metaphysik kritisch erprobt. Er hat damit getan, was das historisch-hermeneutische Bewußtsein in jedem Falle verlangt. Ein mit methodischem Bewußtsein geführtes Verstehen wird bestrebt sein müssen, seine Antizipationen nicht einfach zu vollziehen, sondern sie selber bewußt zu machen, um sie zu kontrollieren und dadurch von den Sachen her das rechte Verständnis zu gewinnen. Das ist es, was Heidegger meint, wenn er fordert, in der Ausarbeitung von Vorhabe, Vorsicht und Vorgriff aus den Sachen selbst her das wissenschaftliche Thema zu ›sichern‹.

In Heideggers Analyse gewinnt damit der hermeneutische Zirkel [E30] eine ganz neue Bedeutung. Die Zirkelstruktur des Verstehens hielt sich in der bisherigen Theorie stets im Rahmen einer formalen Relation von Einzelnem und Ganzem, bzw. von dessen subjektivem Reflex: der ahnenden Vorwegnahme des Ganzen und seiner nachfolgenden Explikation im einzelnen. Nach dieser Theorie lief also die Zirkelbewegung an dem Text hin und her und war in dem vollendeten Verständnis desselben aufgehoben. Die Theorie des Verstehens gipfelte in einem divinatorischen Akt, der sich ganz in den Verfasser versetzt und von da aus alles Fremde und Befremdende des Textes zur Auflösung bringt. Heidegger dagegen erkennt, daß das Verständnis des Textes von der vorgreifenden Bewegung des Vorverständnisses dauerhaft bestimmt bleibt. Was Heidegger so beschreibt, ist nichts anderes als die Aufgabe der Konkretisierung des historischen Bewußtseins. Mit ihr ist verlangt, der eigenen Vormeinungen und Vorurteile inne zu sein und den Vollzug des Verstehens jeweils so mit historischer Bewußtheit zu durchdringen, daß die Erfassung des historisch Anderen und die dabei geübte Anwendung historischer Methoden nicht das bloß herausrechnet, was man hineingesteckt hat.

Der inhaltliche Sinn des Zirkels von Ganzem und Teil, der allem Verstehen zugrunde liegt, muß aber, wie mir scheint, durch eine weitere Bestimmung ergänzt werden, die ich den ›Vorgriff der Vollkommenheit‹ nennen [GW62] möchte. Damit ist eine Voraussetzung formuliert, die alles Verstehen leitet. Sie besagt, daß nur das verständlich ist, was wirklich eine vollkommene Einheit von Sinn darstellt. So machen wir diese Voraussetzung der Vollkommenheit, wenn wir einen Text lesen. Erst wenn diese Voraussetzung sich als uneinlösbar erweist, d. h. der Text nicht verständlich wird, stellen wir sie in Frage, zweifeln etwa an der Überlieferung und suchen sie zu heilen. Die Regeln, die wir bei solchen textkritischen Überlegungen befolgen, können hier beiseite bleiben, denn worauf es ankommt, ist auch hier, daß die Legitimation zu ihrer Anwendung nicht von dem inhaltlichen Verständnis des Textes ablösbar ist.

Der Vorgriff der Vollkommenheit, der all unser Verstehen leitet, [E31] erweist sich so selber als ein jeweils inhaltlich bestimmter. Es wird nicht nur eine immanente Sinneinheit vorausgesetzt, die dem Lesenden die Führung gibt, sondern das Verständnis des Lesers wird auch ständig von transzendenten Sinnerwartungen geleitet, die aus dem Verhältnis zur Wahrheit des Gemeinten entspringen. So wie der Empfänger eines Briefes die Nachrichten versteht, die er enthält, und zunächst die Dinge mit den Augen des Briefschreibers sieht, d.h. für wahr hält, was dieser schreibt – und nicht etwa die Meinung des Briefschreibers als solche zu verstehen sucht, so verstehen wir auch überlieferte Texte auf Grund von Sinnerwartungen, die aus unserem eigenen Sachverhältnis geschöpft sind. Und wie wir Nachrichten eines Korrespondenten glauben, weil er dabei war oder es sonst besser weiß, so sind wir auch einem überlieferten Text gegenüber grundsätzlich der Möglichkeit offen, daß er es besser weiß, als die eigene Vormeinung gelten lassen will. Erst das Scheitern des Versuchs, das Gesagte als wahr gelten zu lassen, führt zu dem Bestreben, den Text als die Meinung eines anderen – psychologisch oder historisch – zu ›verstehen‹[3]. Das Vorurteil der Vollkommenheit enthält also nicht nur dies, daß ein Text seine Meinung vollkommen aussprechen soll, sondern auch, daß das, was er sagt, die vollkommene Wahrheit ist. Verstehen heißt primär: sich in der Sache verstehen, und erst sekundär: die Meinung des anderen als solche abheben und verstehen. Die erste aller hermeneutischen Bedingungen bleibt somit das Sachverständnis, das Zutun-haben mit der gleichen Sache. Von ihm bestimmt sich, was als einheitlicher Sinn vollziehbar wird und damit die Anwendung des Vorgriffs der Vollkommenheit. So erfüllt sich der Sinn der Zugehörigkeit, d.h. das Moment der Tradition im historisch-herme-

3 Ich habe in einem Kongreßvortrag in Venedig 1958 über das ästhetische Urteil zu zeigen gesucht, daß auch dieses – wie das historische – sekundären Charakter besitzt und den »Vorgriff der Vollkommenheit« bestätigt. [Jetzt in D. Henrich, H. R. Jauss (Hrsg.), Theorien der Kunst, Frankfurt a. M. 1982, S. 59–69.

neutischen Verhalten, durch die Gemeinsamkeit grundlegender und tragender Vorurteile. Die Hermeneutik muß davon ausgehen, daß wer ver-[E32]stehen will, mit der Sache, die mit der [GW63] Überlieferung zur Sprache kommt, verbunden ist und an die Tradition Anschluß hat oder Anschluß gewinnt, aus der die Überlieferung spricht. Auf der anderen Seite weiß das hermeneutische Bewußtsein, daß es mit dieser Sache nicht in der Weise einer fraglos selbstverständlichen Einigkeit verbunden sein kann wie sie für das ungebrochene Fortleben einer Tradition gilt. Es besteht wirklich eine Polarität von Vertrautheit und Fremdheit, auf die sich die Aufgabe der Hermeneutik gründet, nur daß diese nicht mit Schleiermacher psychologisch als die Spannweite, die das Geheimnis der Individualität birgt, zu verstehen ist, sondern wahrhaft hermeneutisch, d. h. im Hinblick auf ein Gesagtes: die Sprache, mit der die Überlieferung uns anredet, die Sage, die sie uns sagt. Die Stellung zwischen Fremdheit und Vertrautheit, die die Überlieferung für uns hat, ist also das Zwischen zwischen der historisch gemeinten, abständigen Gegenständlichkeit und der Zugehörigkeit zu einer Tradition. In diesem Zwischen ist der wahre Ort der Hermeneutik.

Aus dieser Zwischenstellung, in der sie ihren Stand nimmt, folgt, daß ihr Zentrum bildet, was in der bisherigen Hermeneutik ganz am Rande blieb: der Zeitenabstand und seine Bedeutung für das Verstehen. Die Zeit ist nicht primär ein Abgrund, der überbrückt werden muß, weil er trennt und fernhält, sondern sie ist in Wahrheit der tragende Grund des Geschehens, in dem das gegenwärtige Verstehen wurzelt. Der Zeitenabstand ist daher nicht etwas, was überwunden werden muß. Das war vielmehr die naive

Voraussetzung des Historismus, daß man sich in den Geist der Zeit versetzt, daß man in deren Begriffen und Vorstellungen denkt und nicht in seinen eigenen und auf diese Weise zur historischen Objektivität vordringt.

In Wahrheit kommt es darauf an, den Abstand der Zeit als eine positive und produktive Möglichkeit des Verstehens zu erkennen. Er ist ausgefüllt durch die Kontinuität des Herkommens und der Tradition, in deren Lichte uns alle Überlieferung sich zeigt. Hier ist es nicht zu wenig, von einer echten Produktivität des Geschehens zu sprechen. Jedermann kennt die eigentümliche Ohn-[E33]macht unseres Urteils dort, wo uns nicht der Abstand der Zeiten sichere Maßstäbe anvertraut hat. So ist das Urteil über gegenwärtige Kunst für das wissenschaftliche Bewußtsein von verzweifelter Unsicherheit. Offenbar sind es unkontrollierbare Vorurteile, unter denen wir an solche Schöpfungen herangehen und die ihnen eine Überresonanz zu verleihen vermögen, die mit ihrem wahren Gehalt und ihrer wahren Bedeutung nicht konform ist. Erst das Absterben all solcher aktuellen Bezüge läßt ihre eigene Gestalt sichtbar werden und ermöglicht damit ein Verständnis dessen, was in ihnen gesagt ist, das verbindlich Allgemeinheit beanspruchen kann. Die Herausfilterung des wahren Sinnes, der in einem Text oder in einer künstlerischen Schöpfung gelegen ist, ist übrigens selber ein unendlicher Prozeß. Der Zeitenabstand, der diese Filterung leistet, ist in einer ständigen Bewe-[GW64]gung und Ausweitung begriffen, und das ist die produktive Seite, die er für das Verstehen besitzt. Er läßt die Vorurteile absterben, die partikularer Natur sind, und diejenigen hervorkommen, die ein wahrhaftes Verstehen ermöglichen.

Oft vermag der Zeitenabstand[4] die eigentlich kritische Aufgabe der Hermeneutik zu lösen, die wahren Vorurteile von den falschen zu scheiden. Das hermeneutisch geschulte Bewußtsein wird daher ein historisches Bewußtsein enthalten. Es wird die das Verstehen leitenden Vorurteile bewußt machen müssen, damit die Überlieferung, als Andersmeinung, sich ihrerseits abhebt und zur Geltung bringt. Ein Vorurteil als solches zur Abhebung zu bringen, verlangt offenbar, es in seiner Geltung zu suspendieren; denn solange uns ein Vorurteil bestimmt, wissen und bedenken wir es nicht als Urteil. Ein Vorurteil so gleichsam vor mich zu bringen, kann nicht gelingen, solange dies Vorurteil beständig und unbemerkt im Spiele ist, sondern nur dann, wenn es sozusagen gereizt wird. Was so zu reizen vermag, ist die Begegnung mit der Überlieferung. Denn was zum Verstehen verlockt, muß sich selber schon zuvor in seinem Anderssein zur Geltung gebracht haben. Das erste, womit das Verstehen beginnt, ist, daß etwas uns anspricht. Das ist die oberste aller hermeneuti-[E34]schen Bedingungen. Wir sehen jetzt, was damit gefordert ist: eine grundsätzliche Suspension der eigenen Vorurteile. Alle Suspension von Urteilen aber, mithin und erst recht die von Vorurteilen, hat, logisch gesehen, die Struktur der *Frage*.

Das Wesen der Frage ist das Offenlegen und Offenhalten von Möglichkeiten. Wird ein Vorurteil fraglich – angesichts dessen, was uns ein anderer oder ein Text sagt –, so heißt dies mithin nicht, daß es einfach beiseitegesetzt wird und

4 [Zu dieser Änderung des ursprünglichen Textes vgl. Ges. Werke Bd. 1, S. 304].

der andere oder das Andere sich an seiner Stelle unmittelbar zur Geltung bringt. Das ist vielmehr die Naivität des historischen Objektivismus, ein solches Absehen von sich selbst anzunehmen. In Wahrheit wird das eigene Vorurteil dadurch recht eigentlich ins Spiel gebracht, daß es selber auf dem Spiele steht. Nur indem es sich ausspielt, spielt es sich mit dem anderen so weit ein, daß auch dieses sich ausspielen kann.

Die Naivität des sogenannten Historismus besteht darin, daß er sich einer solchen Reflexion entzieht und im Vertrauen auf die Methodik seines Verfahrens seine eigene Geschichtlichkeit vergißt. Hier muß von einem schlecht verstandenen historischen Denken an ein besser zu verstehendes appelliert werden. Ein wirklich historisches Denken muß die eigene Geschichtlichkeit mitdenken. Nur dann wird es nicht dem Phantom eines historischen Objektes nachjagen, das Gegenstand fortschreitender Forschung ist, sondern wird in dem Objekt das Andere des Eigenen und damit das Eine wie das Andere erkennen lernen. Der wahre historische Gegenstand ist kein Gegenstand, [GW65] sondern die Einheit dieses Einen und Anderen, ein Verhältnis, in dem die Wirklichkeit der Geschichte ebenso wie die Wirklichkeit des geschichtlichen Verstehens besteht. Eine sachangemessene Hermeneutik hätte diese eigentliche Wirklichkeit der Geschichte im Verstehen selbst aufzuweisen. Ich nenne das damit Geforderte ›Wirkungsgeschichte‹. Verstehen ist ein wirkungsgeschichtlicher Vorgang, und es ließe sich nachweisen, daß es die allem Verstehen zukommende Sprachlichkeit ist, in der das hermeneutische Geschehen seine Bahn zieht.

Zu dieser Ausgabe

Der Abdruck des Textes folgt der Ausgabe:

Hans-Georg Gadamer: Vom Zirkel des Verstehens (1959). In: H.-G. G.: Gesammelte Werke. Bd. 2: Hermeneutik II. Wahrheit und Methode. Ergänzungen. Register. Tübingen 1986. S. 57–65.

Die Originalpaginierung dieser Ausgabe [GW] sowie die Seitenzahlen der Erstausgabe [E] werden in eckigen Klammern wiedergegeben. Rechtschreibung und Zeichensetzung folgen der Vorlage buchstaben- und zeichengenau. Gadamers wenige Korrekturen des ursprünglichen Textes und die beiden Ergänzungen (in eckigen Klammern) wurden übernommen und die Anmerkungsziffern korrigiert.

Der Erstdruck des Aufsatzes erfolgte in

Martin Heidegger zum siebzigsten Geburtstag. Festschrift. Hrsg. von Günther Neske. Pfullingen 1959. S. 24–35. Wiederabdr. in: H.-G. G.: Kleine Schriften IV: Variationen. Tübingen 1977. S. 54–61.

Übersetzungen des Textes liegen auf Englisch, Französisch, Italienisch, Japanisch Koreanisch, Polnisch, Russisch, Schwedisch und Spanisch vor.

Im Folgenden eine Liste der Unterschiede zwischen beiden Ausgaben. Links vom Lemmazeichen] steht der Text der *Gesammelten Werke*, rechts davon der Text der Erstausgabe.

7,1 f. Kommunion] Kommunikation
7,11 Alte Testament] alte Testament
7,17 soll. –] soll.
7,29 Das ist] Das ist zwar
8,5 Mir] Aber mir
8,30 Sein und Zeit, S. 154.] Sein und Zeit p. 153.
9,7 tut.[2]] tut[2].
9,30 Interpretation«, S. 11 ff.] Interpretation« p. 11 ff.

10,30 ihr] ihnen
11,21 abhebbare] abhebende
11,24 derart] damit
14,30 f. [Jetzt in D. Henrich, H. R. Jauss (Hrsg.), Theorien der Kunst, Frankfurt a. M. 1982, S. 59–69.]]
17,1 Oft vermag der Zeitenabstand[4]] Nichts anderes als dieser Zeitenabstand vermag
17,24 *Frage*] Frage
17,29 f. [Zu dieser Änderung des ursprünglichen Textes vgl. Ges. Werke Bd. 1, S. 304].]

Anmerkungen

5,4 *Rhetorik:* Redekunst.

5,5 *Hermeneutik:* (Kunst-)Lehre und Praxis des Verstehens und der Interpretation, vor allem von Texten oder mündlichen Äußerungen.

5,7 f. *Antizipation:* Vorwegnahme.

5,29 *Schleiermacher:* Friedrich Daniel Ernst Schleiermacher (1768–1834), deutscher evangelischer Theologe, Philosoph und Platon-Übersetzer. Prediger in Stolp, Halle und Berlin, Professor an den Universitäten Halle (ab 1804) und Berlin (ab 1810). Hauptwerke: seine fünfbändige Platon-Übersetzung sowie *Über Religion. Reden an die Gebildeten unter ihren Verächtern* (1799), *Monologen* (1800), *Dogmatik. Der christliche Glaube*, 2 Bde. (1821/22) und die Vorlesungen *Hermeneutik und Kritik* (ab 1805; postum ediert 1838) und *Dialektik* (ab 1811; postum ediert 1839/1942).

6,10 *Dilthey:* Wilhelm Dilthey (1833–1911), deutscher Philosoph und Geistesgeschichtler, Professor der Philosophie in Basel, Kiel, Breslau und Berlin. Hauptwerke: *Leben Schleiermachers*, 1. Bd. (1870), 2. Bd. postum (1966), *Einleitung in die Geisteswissenschaften*, 1. Bd. (1883), *Ideen über eine beschreibende und zergliedernde Psychologie* (1894), *Das Erlebnis und die Dichtung* (1906), *Der Aufbau der geschichtlichen Welt in den Geisteswissenschaften* (1910). Diltheys philosophisches Lebensthema bildete der Versuch einer erkenntnistheoretischen, logischen und methodologischen Grundlegung der Geisteswissenschaften.

7,10 *Augustin:* Aurelius Augustinus (354–430), nordafrikanischer christlicher Kirchenlehrer. Hauptwerke: *De beata vita* (dt. *Über das selige Leben*), *Confessiones* (um 400, dt. *Bekenntnisse*), *De civitate Dei* (413–426, dt. *Vom Gottesstaat*).

7,12 *frühen Protestantismus:* Wichtigster Repräsentant der frühprotestantischen Hermeneutik ist der Theologe Matthias Flacius, genannt Illyricus (1520–1575), dessen *Clavis Scripturae Sacrae* (dt. *Schlüssel zur Heiligen Schrift*, Basel 1567) ein »Organon der Exegese« (Dilthey) war, das die hermeneutische Theoriebildung lange maßgeblich beeinflusst hat.

7,14 *Zeitalter der Aufklärung:* Kulturepoche oder Geistesströmung von gesamteuropäischer Bedeutung, die das ganze 18. Jahrhundert umfasst, das entsprechend als das »Jahrhundert der Aufklärung« oder als »Zeitalter der Kritik« bezeichnet wird. Im Zentrum der Aufklärung steht die Berufung auf die Vernunft und das rationale Denken. Gegner sind Tradition, Vorurteile und unbegründete, lediglich als solche überlieferte Autoritäten. Wichtig werden die aufklärerische Religionskritik, die Forderung nach religiöser Toleranz und die Formulierung der allgemeinen Menschenrechte. Nach Immanuel Kant ist Aufklärung »der Ausgang des Menschen aus seiner selbst verschuldeten Unmündigkeit«, wobei er die »Unmündigkeit« definiert als »das Unvermögen, sich seines eigenen Verstandes ohne Leitung eines anderen zu bedienen«. Wahlspruch der Aufklärung ist nach Kant also: »*Sapere aude*! Habe Mut dich deines eigenen Verstandes zu bedienen!« (Kant, *Denken wagen*, S. 7) Hauptvertreter der Aufklärung sind v. a. Voltaire, Jean-Jacques Rousseau, Denis Diderot, Jean Baptiste le Rond d'Alembert, Julien Offray de La Mettrie, Immanuel Kant und Gotthold E. Lessing.

7,18 *Romantik:* eine kulturgeschichtliche Epochenbezeichnung für die Zeit zwischen 1790 und 1840/50. Die Romantik ist ein gesamteuropäisches Phänomen mit Schwerpunkten in Deutschland, England und Frankreich und umfasst Entwicklungen in Literatur, Philosophie, Kunst und Musik. Die Romantik verstand sich als Gegenbewegung zum mechanischen und z. T. atheistischen Welt- und Menschenbild der Aufklärung und als Reaktion auf Industrialisierung und Verwissenschaftlichung. Charakteristisch ist die große Bedeutung von Innerlichkeit, Gefühl und Phantasie, das Interesse an Wunderbarem und Phantastischem, die Hinwendung zu Natur und Geschichte, insbesondere des Mittelalters, die Wiederentdeckung und Sammlung von Märchen, Sagen, Mythen und Legenden sowie das Wiedererstarken nationaler und religiöser Impulse. Philosophische Hauptrepräsentanten der Romantik sind Johann G. Fichte, Friedrich Schleiermacher, Friedrich Schlegel und Friedrich W. J. Schelling. Repräsentanten der literarischen Romantik im deutschsprachigen Raum sind u. a. August W. Schlegel, Novalis, Ludwig Tieck, E. T. A. Hoffmann, Clemens Brentano, Achim v. Arnim, Joseph von Eichendorff und die Brüder Grimm. Bedeutende romantische Komponisten sind u. a. Ludwig van Beethoven, Franz Schubert und Franz Liszt; herausragende Maler sind v. a. Caspar D. Friedrich und William Turner.

7,24 *Friedrich Ast:* 1778–1841, deutscher Philologe und Philosoph, lehrte seit 1805 an der Universität Landshut Klassische Philologie und ab 1826 an der Universität München. Ast war Schüler Schellings und trat vor allem als Platon-Forscher und als wichtiger Vertreter der romantischen Hermeneutik hervor. Hauptwerk: *Grundlinien der Grammatik, Hermeneutik und Kritik* (1808).

8,16 *Heidegger:* Martin Heidegger (1889–1976), deutscher Philosoph, Assistent und Nachfolger Edmund Husserls, Lehrer Gadamers. Heidegger lehrte an den Universitäten Marburg und Freiburg i. Br., 1933/34 war er Rektor der Freiburger Universität. Seine Hauptwerke sind *Sein und Zeit* (1927), *Kant und das Problem der Metaphysik* (1929), *Erläuterungen zu Hölderlins Dichtung* (1944), *Holzwege* (1950), *Vorträge und Aufsätze* (1954), *Unterwegs zur Sprache* (1959), *Nietzsche*, 2 Bde. (1961), *Wegmarken* (1967), *Zur Sache des Denkens* (1969), *Beiträge zur Philosophie (Vom Ereignis)* (um 1936, postum 1989 veröffentlicht). Im Mittelpunkt von Heideggers Denken steht die Frage nach dem Sein, die er in der ersten Phase seines Denkwegs mit Hilfe einer vom Seinsverständnis des Daseins ausgehenden Fundamentalontologie zu beantworten suchte. Im Spätwerk nach der sogenannten »Kehre« gibt Heidegger diesen Ansatz auf. Er hatte zahlreiche bedeutende Schüler (neben Gadamer u. a. Karl Löwith, Gerhard Krüger, Walter Bröcker, Hannah Arendt, Hans Jonas, Herbert Marcuse und Leo Strauss) und übte auch international eine starke Wirkung aus. Seine Rolle zur Zeit des Nationalsozialismus wird immer kritischer bewertet (im Zusammenhang etwa mit seinen Denktagebüchern, den »Schwarzen Heften« und z. T. entschieden antisemitischen Äußerungen).

8,17 *Existenzialanalyse:* Der Begriff bezeichnet die von Heidegger in seinem Hauptwerk *Sein und Zeit* im Zusammenhang seiner Fundamentalontologie durchgeführte existenziale Analytik des faktischen (menschlichen) Daseins, die der Ermittlung der existenzialen Kategorien (Existenzialien), d. h. der Seinscharaktere des Daseins dient (u. a. das »In-der-Welt-sein«, das »Man«, die »Befindlichkeit«, das »Verstehen« und die »Geworfenheit«).

8,19 f. *vitiosum:* (lat.) ›vitiös, fehlerhaft, mangelhaft, bösartig‹.

8,25 *Vorhabe, Vorsicht und Vorgriff:* Gemeint ist die von Heidegger sogenannte Vor-Struktur des Verstehens, die er in *Sein und Zeit*, § 32 analysiert.

9,5 *ontologisch:* Die Ontologie ist die (metaphysische) Lehre vom Sein.

9,28 *Abbreviatur:* Abkürzung, Verkürzung.

9,29 *E. Staigers:* Emil Staiger (1908–1987), Schweizer Germanist und Übersetzer, lehrte ab 1943 an der Universität Zürich. Hauptwerke: *Die Zeit als Einbildungskraft des Dichters* (1939), *Grundbegriffe der Poetik* (1946), *Die Kunst der Interpretation* (1955), *Goethe*, 3 Bde. (1952–59). Staiger war der führende Vertreter der »werkimmanenten Interpretation«, bei der die Konzentration auf den literarischen Text selbst im Zentrum steht. Bekannt wurde seine Diskussion mit Heidegger über die angemessene Interpretation von Eduard Mörikes Gedicht *Auf eine Lampe.* Staiger war Auslöser des »Zürcher Literaturstreits« von 1966.

11,27 *phänomenologische:* hier: an der Erscheinung orientierte.

12,2 *Seinsfrage:* Die von Heidegger zur Grundfrage der Philosophie erklärte Frage nach dem »Sinn von Sein«: das Hauptthema seines Werks *Sein und Zeit.*

12,4 f. *Metaphysik:* (gr.) *tà metà tà physiká* (etwa ›Das, was nach der Physik kommt‹) ist ursprünglich ein bibliothekarischer bzw. editorischer Einteilungsbegriff der aristotelischen Schriften, der auf Andronikos von Rhodos, den im 1. Jahrhundert v. Chr. lebenden Sammler und Herausgeber der Schriften des Aristoteles, zurückgeht. Die Metaphysik als Erste Philosophie ist seit Aristoteles die philosophische Grunddisziplin, die die Prinzipien, die letzten Fundamente und allgemeinsten Strukturen der Wirklichkeit erforscht. Unterschieden wird durch den Leibniz-Schüler Christian Wolff (1679–1754) die allgemeine Metaphysik oder Ontologie (*metaphysica generalis*) von der speziellen Metaphysik (*metaphysica specialis*), die die rationale Theologie (die Lehre von Gott), die rationale Psychologie (die Lehre von der Seele) und die rationale Kosmologie (die Lehre vom Aufbau der Welt) umfasst.

12,26 f. *divinatorischen Akt:* divinatorisch: vorahnend, seherisch. »Divination« ist ein Zentralbegriff in Schleiermachers Hermeneutik.

13,2 *des historischen Bewußtseins:* hier: des Wissens um die eigene Geschichtlichkeit.

13,12 *Vorgriff der Vollkommenheit:* Grundbegriff der philosophischen Hermeneutik Gadamers, der die fundamentale Voraussetzung für das Verstehen zum Ausdruck bringt, dass nur solche Texte wirklich verständlich sind, die eine völlige Sinneinheit repräsentieren.

13,27–30 *immanente Sinneinheit ... transzendenten Sinnerwartungen:* Die Interpretation von Texten basiert nach Gadamer auf dem Zusammenspiel der den Text konstituierenden und ihm innewohnenden Sinneinheit des Textes und der Sinnerwartung des Interpreten an den Text. Sinneinheit und Sinnerwartung sind daher gleichsam die beiden Pole der Textauslegung, die das Interpretationsgeschehen fundieren und in Gang setzen. *transzendenten:* hier: die Erfahrung überschreitenden.

16,1 *Historismus:* Hier im Sinne der positiven Geschichtswissenschaft der historischen Schule (Leopold von Ranke, Johann Gustav Droysen, Friedrich Carl von Savigny) gemeint, die sich von der spekulativen Geschichtsphilosophie Georg Wilhelm Friedrich Hegels (1770–1831) absetzt und nicht mit Karl Raimund Poppers (1902–1994) Begriff des »Historizismus« verwechselt werden darf.

17,21 *Suspension:* Aufhebung, Hintanstellung, Absehung, Einstellung.

18,2 f. *des historischen Objektivismus:* Gemeint ist damit der Anspruch bzw. die Forderung des Historismus, durch Ausschaltung der Subjektivität des Historikers und der Verwendung kritischer Methoden zu einer objektiven Erkenntnis der historischen Wirklichkeit zu gelangen.

18,12 *Geschichtlichkeit:* Dem Begriff kommt eine zentrale Rolle in Heideggers Fundamentalontologie zu, er bezeichnet die zeitliche Seinsart des Daseins selbst. Er ist der Ausdruck der menschlichen Existenzform und bedeutet, dass der Mensch nicht nur Geschichte macht, sondern im Kern Geschichte ist: »*Die Analyse der Ge-*

schichtlichkeit des Daseins versucht zu zeigen, daß dieses Seiende nicht ›zeitlich‹ ist, weil es ›in der Geschichte steht‹, sondern daß es umgekehrt geschichtlich nur existiert und existieren kann, weil es im Grunde seines Seins zeitlich ist.« (Heidegger, *Sein und Zeit*, S. 376).

18,26 f. *Wirkungsgeschichte:* bzw. das wirkungsgeschichtliche Bewusstsein stellt eine zentrale Konzeption von Gadamers philosophischer Hermeneutik dar, die die Wirksamkeit der eigenen Geschichtlichkeit im Prozess der Interpretation klassischer Werke der Tradition bezeichnet.

Literaturhinweise

Werke von Hans-Georg Gadamer

Gesammelte Werke (GW). 10 Bde. Tübingen 1985–1995. [Zit. als GW.]
Vom Zirkel des Verstehens (1959). In: GW. Bd. 2. S. 57–65.
Wahrheit und Methode. Grundzüge einer philosophischen Hermeneutik (1960). Tübingen [5]1986. In: GW. Bd. 1. S. V–XI, 1–494.
Wahrheit und Methode. Der Anfang der Urfassung (ca. 1956). Hrsg. von Jean Grondin und Hans-Ulrich Lessing. In: Dilthey-Jahrbuch für Philosophie und Geschichte der Geisteswissenschaften 8 (1992–93) S. 131–140. (Nachw. der Hrsg.: S. 141 f.)
Gadamer, Hans-Georg / Habermas, Jürgen [u. a.]: Hermeneutik und Ideologiekritik. Frankfurt a. M. 1971. [Zit. als HuI.]
Die Vernunft im Zeitalter der Wissenschaft. Frankfurt a. M. 1976.
Einzug in Marburg. In: Günther Neske (Hrsg.): Erinnerung an Martin Heidegger. Pfullingen 1977. S. 109–113.
Philosophische Lehrjahre. Eine Rückschau. Frankfurt a. M. 1977.
Kleine Schriften IV. Variationen. Tübingen 1977.
Gadamer, Hans-Georg / Habermas, Jürgen: Das Erbe Hegels. Zwei Reden aus Anlaß des Hegel-Preises. Frankfurt a. M. 1979.
Lob der Theorie. Reden und Aufsätze. Frankfurt a. M. 1983.
Text und Interpretation. Eine deutsch-französische Debatte. Hrsg. von Philippe Forget. München 1984.
Erinnerungen an Heideggers Anfänge. In: Dilthey-Jahrbuch für Philosophie und Geschichte der Geisteswissenschaften 4 (1986–87) S. 13–26.
Heideggers »theologische« Jugendschrift. In: Dilthey-Jahrbuch für Philosophie und Geschichte der Geisteswissenschaften 6 (1989) S. 228–234.
Das Erbe Europas. Beiträge. Frankfurt a. M. 1989.
Gedicht und Gespräch. Essays. Frankfurt a. M. 1990.
Über die Verborgenheit der Gesundheit. Aufsätze und Vorträge. Frankfurt a. M. 1993.

Hans-Georg Gadamer im Gespräch. Hermeneutik – Ästhetik – praktische Philosophie. Hrsg. von Carsten Dutt. Heidelberg 1993.
Der Anfang der Philosophie. Aufgrund der Übers. aus dem Ital. von Joachim Schulte vom Autor rev. Fassung. Stuttgart 1996.
Gadamer-Lesebuch. Hrsg. von Jean Grondin. Tübingen 1997.
Dialogischer Rückblick auf das Gesammelte Werk und dessen Wirkungsgeschichte. In: Gadamer-Lesebuch. Hrsg. von Jean Grondin. Tübingen 1997. S. 280–295.
Die Logik des *verbum interius.* Gespräch mit Hans-Georg Gadamer. In: Dilthey-Jahrbuch für Philosophie und Geschichte der Geisteswissenschaften 11 (1997–1998) S. 19–30.
Der Anfang des Wissens. Stuttgart 1999.
Sechs Briefe an Martin Heidegger aus der Marburger Zeit. Martin-Heidegger-Gesellschaft: Jahresgabe 1999.
Hermeneutische Entwürfe. Vorträge und Aufsätze. Tübingen 2000.
Das Problem des historischen Bewußtseins. Aus dem Frz. rückübers. von Tobias Nikolaus Klass. Tübingen 2001.
Ausgewählte Briefe an Martin Heidegger. Martin-Heidegger-Gesellschaft: Jahresgabe 2002.
Die Lektion des Jahrhunderts. Ein philosophischer Dialog mit Riccardo Dottori. Münster 2002.
Hans-Georg Gadamer und Silvio Vietta: Im Gespräch. München 2002.
Schmerz. Einschätzungen aus medizinischer, philosophischer und therapeutischer Sicht. Heidelberg 2003.
Derrida, Jacques / Gadamer, Hans-Georg: Der ununterbrochene Dialog. Hrsg. und mit einem Nachw. versehen von Martin Gessmann. Frankfurt a. M. 2004
– / – / Lacoue-Labarthe, Philippe: Heidegger. Philosophische und politische Tragweite seines Denkens. Das Kolloqium in Heidelberg. Mit einer Notiz von Jean-Luc Nancy. Herausgeberin der frz. Ausg. [2014]: Mireille Calle-Gruber. Aus dem Frz. von Esther von der Osten. Hrsg. von Peter Engelmann. Wien 2016.

Sekundärliteratur

Albert, Hans: Kritik der reinen Hermeneutik. Der Antirealismus und das Problem des Verstehens. Tübingen 1994.
Angehrn, Emil: Hans-Georg Gadamer – Das Projekt einer philosophischen Hermeneutik. In: Ansgar Beckermann / Dominik Perler (Hrsg.): Klassiker der Philosophie heute. Stuttgart 2004. S. 771–791.
Apel, Karl-Otto: Das Verstehen (eine Problemgeschichte als Begriffsgeschichte). In: Erich Rothacker (Hrsg.): Archiv für Begriffsgeschichte. Bausteine zu einem historischen Wörterbuch der Philosophie. Bd. 1. Bonn 1955. S. 142–199.
– Verstehen. In: Joachim Ritter / Karlfried Gründer / Gottfried Gabriel (Hrsg.): Historisches Wörterbuch der Philosophie. Bd. 11. Basel 2001. Sp. 918–938.
Arndt, Andreas / Dierken, Jörg (Hrsg.): Friedrich Schleiermachers Hermeneutik. Interpretationen und Perspektiven. Berlin/Boston 2016.
Ast, Friedrich: Grundlinien der Grammatik, Hermeneutik und Kritik. Landshut 1808.
Betti, Emilio: Die Hermeneutik als allgemeine Methodik der Geisteswissenschaften. Tübingen 1962.
– Allgemeine Auslegungslehre als Methodik der Geisteswissenschaften. Tübingen 1967.
Boeckh, August: Encyklopädie und Methodologie der philologischen Wissenschaften. Hrsg. von Ernst Bratuscheck. Leipzig 1877.
Bormuth, Matthias / Bülow, Ulrich von (Hrsg.): Marburger Hermeneutik zwischen Tradition und Krise. Göttingen 2008.
Bubner, Rüdiger / Cramer, Konrad / Wiehl, Reiner (Hrsg.): Hermeneutik und Dialektik. 2 Bde. H.-G. Gadamer zum 70. Geburtstag. Tübingen 1970.
Bultmann, Rudolf: Glaube und Verstehen. Gesammelte Aufsätze. Tübingen ^{6}1993.
Derrida, Jacques: Grammatologie. Übers. von Hans-Jörg Rheinberger und Hanns Zischler. Frankfurt a. M. 1974.
– / Vattimo, Gianni: Die Religion. Frankfurt a. M. 2001.

Di Cesare, Donatella: Gadamer. Ein philosophisches Porträt. Tübingen 2009.
Dilthey, Wilhelm: Das natürliche System der Geisteswissenschaften im 17. Jahrhundert. In: W. D.: Gesammelte Schriften. Bd. 2. Hrsg. von Georg Misch. Leipzig/Berlin 1914. S. 90–245.
– Einleitung in die Geisteswissenschaften (1883). In: W. D.: Gesammelte Schriften. Bd. 1. Hrsg. von Bernhard Groethuysen. Leipzig/Berlin 1922.
– Das hermeneutische System Schleiermachers in der Auseinandersetzung mit der älteren protestantischen Hermeneutik (1860). In: W. D.: Gesammelte Schriften. Bd. 14. 2. Halbbd. Hrsg. von Martin Redeker. Göttingen 1966. S. 595–787.
– Die Entstehung der Hermeneutik (1900). In: W. D.: Gesammelte Schriften. Bd. 5. Hrsg. von Georg Misch. Stuttgart/Göttingen ^{6}1974. S. 317–331. (Zusätze aus den Handschriften: S. 332–338.)
– Der Aufbau der geschichtlichen Welt in den Geisteswissenschaften (1910). In: W. D.: Gesammelte Schriften. Bd. 7. Hrsg. von Bernhard Groethuysen. Stuttgart/Göttingen ^{7}1979. S. 77–188.
– Grundlegung der Wissenschaften vom Menschen, der Gesellschaft und der Geschichte: Ausarbeitungen und Entwürfe zum 2. Band der Einleitung in die Geisteswissenschaften (ca. 1870–1895). In: W. D.: Gesammelte Schriften. Bd. 19. Hrsg. von Helmut Johach und Frithjof Rodi. Leipzig 1982.
– Briefwechsel. Bd. I: 1852–1882. Hrsg. von Gudrun Kühne-Bertram und Hans-Ulrich Lessing. Göttingen 2011.
Droysen, Johann Gustav: Historik. Rekonstruktion der ersten vollständigen Fassung der Vorlesungen (1857). Grundriß der Historik in der ersten handschriftlichen (1857/1858) und in der letzten gedruckten Fassung (1882). Textausg. von Peter Leyh. Stuttgart-Bad Cannstatt 1977.
Dutt, Carsten (Hrsg.): Gadamers philosophische Hermeneutik und die Literaturwissenschaft. Marbacher Kolloquium zum 50. Jahrestag der Publikation von *Wahrheit und Methode*. Heidelberg 2012.
Figal, Günter (Hrsg.): Begegnungen mit Hans-Georg Gadamer. Stuttgart 2000.

– Hans-Georg Gadamer – Wahrheit und Methode. Berlin 2007.
– Internationales Jahrbuch für Hermeneutik 10 (2011): Schwerpunkt: 50 Jahre Wahrheit und Methode.
– / Grondin, Jean / Schmidt, Dennis J. (Hrsg.): Hermeneutische Wege. Hans-Georg Gadamer zum Hundertsten. Tübingen 2000.

Göttner, Heide: Logik der Interpretation. Analyse einer literaturwissenschaftlichen Methode unter kritischer Betrachtung der Hermeneutik. München 1973.

Grondin, Jean: Hermeneutische Wahrheit? Zum Wahrheitsbegriff Hans-Georg Gadamers. Meisenheim 1982.
– Einführung in die philosophische Hermeneutik. Darmstadt 1991.
– Der Sinn für Hermeneutik. Darmstadt 1994.
– Hans-Georg Gadamer. Eine Biographie. Tübingen 1999.
– Einführung zu Gadamer. Tübingen 2000.
– Von Heidegger zu Gadamer. Unterwegs zur Hermeneutik. Darmstadt 2001.
– Hermeneutik. Aus dem Frz. übers. von Ulrike Blech. Göttingen 2009.

Hahn, Lewis E. (Hrsg.): The Philosophy of Hans-Georg Gadamer. The Library of Living Philosophers. Bd. XXIV. Chicago / La Salle (IL) 1997.

Hammermeister, Kai: Hans-Georg Gadamer. München 1999. 2., aktual. und um ein Nachw. erg. Aufl. 2006.

Heidegger, Martin: Phänomenologische Interpretationen zu Aristoteles (Anzeige der hermeneutischen Situation) [»Natorp-Bericht« von 1922]. Hrsg. von Hans-Ulrich Lessing. In: Dilthey-Jahrbuch für Philosophie und Geschichte der Geisteswissenschaften 6 (1989) S. 235–269. (Nachw. des Hrsg.: S. 270–274.)
– Gesamtausgabe II. Abt.: Vorlesungen. Bd. 62: Phänomenologische Interpretationen ausgewählter Abhandlungen des Aristoteles zur Ontologie und Logik [Freiburg, Sommersemester 1922]. Hrsg. von Günther Neumann. Frankfurt a. M. 2005.
– Gesamtausgabe II. Abt.: Vorlesungen. Bd. 63: Ontologie (Hermeneutik der Faktizität) [Freiburg, Sommersemester 1923]. Hrsg. von Käte Bröcker-Oltmanns. Frankfurt a. M. 1988.
– Sein und Zeit. Tübingen ^{12}1972.

– / Löwith, Karl: Briefwechsel 1919–1973. Hrsg. von Alfred Denker und Holger Zaborowski. Freiburg/München 2017.

Henrich, Dieter: Hans Georg Gadamer. Splitter eines Gedenkens. Warmbronn 2008.

– Ins Denken ziehen. Eine philosophische Autobiographie. Im Gespräch mit Matthias Bormuth und Ulrich von Bülow. München 2021.

– / Schulz, Walter / Volkmann-Schluck, Karl-Heinz (Hrsg.): Die Gegenwart der Griechen im neueren Denken. Tübingen 1960.

Hirsch, Jr., Eric D.: Prinzipien der Interpretation. Übers. von Adelaide Anne Späth. München 1972.

Joisten, Karen: Philosophische Hermeneutik. Berlin 2009.

Kant, Immanuel: Denken wagen. Der Weg aus der selbstverschuldeten Unmündigkeit. Stuttgart 2017 [u. ö.].

– Kant, Immanuel: Die drei Kritiken: Kritik der praktischen Vernunft · Kritik der reinen Vernunft · Kritik der Urteilskraft. 3 Bde. Stuttgart 2024.

Hrsg. von Joachim Kopper, Ingeborg Heidemann und Gerhard Lehmann

Kogge, Werner: Verstehen und Fremdheit in der philosophischen Hermeneutik. Heidegger und Gadamer. Hildesheim / Zürich / New York 2001.

Krämer, Hans: Thesen zur philosophischen Hermeneutik. In: Internationale Zeitschrift für Philosophie (1993) Nr. 1. S. 173–188.

– Positionen zeitgenössischer philosophischer Hermeneutik. Ein kritischer Überblick. In: Information Philosophie (1996) Nr. 5. S. 24–38.

– Hermeneutik – Wissenschaft – Kultur – Praxis. In: Zeitschrift für philosophische Forschung 51 (1997) S. 390–410.

– Kritik der Hermeneutik. Interpretationsphilosophie und Realismus. München 2007.

Lessing, Hans-Ulrich: Historische Aufklärung und Geschichtlichkeit. Zur Rezeption von Diltheys Begriffswelt in Gadamers philosophischer Hermeneutik. In: H.-U. L.: Die Autonomie der Geisteswissenschaften. Studien zur Philosophie Wilhelm Diltheys. Bd. 1: Dilthey im philosophie- und wissenschaftsgeschichtlichen Kontext. Nordhausen 2015. S. 228–256.

– Verstehen als Geschehen. Zu Hans-Georg Gadamers Hermeneutik der Zugehörigkeit. In: H.-U. L. / Kevin Liggieri (Hrsg.): »Das Wunder des Verstehens«. Ein interdisziplinärer Blick auf ein ›außer-ordentliches‹ Phänomen. Freiburg/München 2018. S. 80–103.

Lüdemann, Susanne: Jacques Derrida zur Einführung. Hamburg [3]2017.

Ranke, Leopold von: Geschichten der romanischen und germanischen Völker von 1494 bis 1535. Vorrede zum 1. Bd. Leipzig/Berlin 1824.

– Englische Geschichte vornehmlich im siebzehnten Jahrhundert. Bd. 2. Leipzig [3]1870. (Sämmtliche Werke. 15.)

Ries, Wiebrecht: Hans-Georg Gadamers »Wahrheit und Methode«. Darmstadt 2009.

Rodi, Frithjof: Traditionelle und philosophische Hermeneutik. Bemerkungen zu einer problematischen Unterscheidung. In: F. R.: Erkenntnis des Erkannten. Zur Hermeneutik des 19. und 20. Jahrhunderts. Frankfurt a. M. 1990. S. 89–101.

– (Hrsg.): Dilthey-Jahrbuch für Philosophie und Geschichte der Geisteswissenschaften 8 (1992–93): Zum thematischen Schwerpunkt Hans-Georg Gadamer.

– »Sein, das verstanden werden kann, ist Sprache«. Hommage an Hans-Georg Gadamer. Frankfurt a. M. 2001.

Schleiermacher, Friedrich: Über den Begriff der Hermeneutik mit Bezug auf Friedrich A. Wolfs Andeutungen und Asts Lehrbuch (1829). In: F. S.: Hermeneutik und Kritik. Mit einem Anhang sprachphilosophischer Texte Schleiermachers. Hrsg. von Manfred Frank. Frankfurt a. M. 1977. S. 309–346.

– Hermeneutik und Kritik mit besonderer Beziehung auf das Neue Testament. Aus Schleiermachers handschriftlichem Nachlasse und nachgeschriebenen Vorlesungen hrsg. von Friedrich Lücke. (Friedrich Schleiermacher's literarischer Nachlaß. Zur Theologie. Bd. 2.) Berlin 1838.

Scholtz, Gunter: Das Verstehen in der klassischen Hermeneutik. In: Hans-Ulrich Lessing / Kevin Liggieri (Hrsg.): »Das Wunder des Verstehens«. Ein interdisziplinärer Blick auf ein ›außer-ordentliches‹ Phänomen. Freiburg/München 2018. S. 21–40.

Spahn, Andreas: Hermeneutik zwischen Rationalismus und Traditionalismus. Gadamers Wahrheitsbegriff vor dem Hintergrund zentraler Paradigmen der Hermeneutikgeschichte. Würzburg 2009.

Stegmüller, Wolfgang: Der sogenannte Zirkel des Verstehens (1972). In: W.S.: Das Problem der Induktion: Humes Herausforderung und moderne Antworten / Der sogenannte Zirkel des Verstehens. Darmstadt 1975. S. 63–88. (Wesentlich erweiterte und verbesserte Fassung: Walther von der Vogelweides Lied von der Traumliebe und Quasar 3c 273. Betrachtungen zum sogenannten Zirkel des Verstehens und zur sogenannten Theoriebeladenheit der Beobachtungen. In: W.S.: Rationale Rekonstruktion von Wissenschaft und ihrem Wandel. Stuttgart 1979. S. 27–86.)

– Probleme und Resultate der Wissenschaftstheorie und Analytischen Philosophie. Bd. 1: Wissenschaftliche Erklärung und Begründung. Berlin / Heidelberg / New York 1969. S. 360–375: Die sogenannte Methode des Verstehens. 2. verbesserte und erw. Aufl. Berlin / Heidelberg / New York 1983.

Stollberg-Rilinger, Barbara (Hrsg.): Was ist Aufklärung? Thesen, Definitionen, Dokumente. Stuttgart 2010.

Teichert, Dieter: Zirkel, hermeneutischer. In: Joachim Ritter / Karlfried Gründer / Gottfried Gabriel (Hrsg.): Historisches Wörterbuch der Philosophie. Bd. 12. Basel 2004. Sp. 1339–1344.

Tietz, Udo: Hans-Georg Gadamer zur Einführung. Hamburg 1999. 3., vollst. überarb. Aufl. 2005.

Verstehen und Geschehen. Symposium aus Anlass des 90. Geburtstages von Hans-Georg Gadamer. Martin-Heidegger-Gesellschaft: Jahresgabe 1990.

Wischke, Mirko / Hofer, Michael (Hrsg.): Gadamer verstehen / Understanding Gadamer. Darmstadt 2003.

Nachwort

1. Hans-Georg Gadamer – eine biographische Skizze

Hans-Georg Gadamer ist ohne Zweifel eine Jahrhundertgestalt der deutschen Philosophie – und das nicht nur in dem trivialen Sinn, weil sein Leben etwas mehr als einhundert Jahre umfasst. Gadamer, der inzwischen als ein Klassiker der deutschen Philosophie gilt, ist neben Jürgen Habermas (*1929) der wohl international einflussreichste deutsche Philosoph der zweiten Hälfte des 20. Jahrhunderts. Sein umfangreiches Werk findet sich zusammengestellt in der zehnbändigen Ausgabe *Gesammelte Werke* (GW), mit seinem Hauptwerk *Wahrheit und Methode* von 1960.

Er war ein faszinierender akademischer Lehrer, der zahlreiche bedeutende Schüler an sich zu binden wusste, und ein begnadeter Redner. Gadamer war eine eindrucksvolle Persönlichkeit und lebte das, was er in seiner Philosophie lehrte, selbst vor. Man kann bei ihm von einer Identität von Leben und philosophischer Lehre sprechen. Sein ehemaliger Assistent und einer seiner bekanntesten Schüler Dieter Henrich führt aus, dass es keinen Menschen gegeben habe, den er kennengelernt habe, »in dem das, was er als Philosoph denkt und schreibt und was er als Person ist und zu wirken versucht, in so vollständiger Übereinstimmung war wie bei Gadamer«. Bei ihm sei »eine platonische Differenziertheit und Hintergründigkeit am Werk« gewesen: In signifikanten Situationen sei »überhaupt nichts rhetorisch« gewesen, sondern Gadamer, »war direkt, sicher zielend in die Mitte des Lebens und dabei von einer sokratischen Kraft der Freundschaft und des pädagogischen Eros«.[1]

Ähnlich äußert sich Michael Theunissen (1932–2015), der zwischen 1971 und 1980 Philosophieprofessor in Heidelberg war, für Gadamers Philosophieren sei »eine heutzutage selten gewordene Einheit von Person und Werk« typisch:

> Die Verstehenstheorie, die den Umgang mit Texten als Spiel von Frage und Antwort deutet, wurzelt in einer selbst dialogischen Existenz, und die Auslegungspraxis, die auf das Bleibende im geschichtlichen Wandel zielt, nährt sich aus einer unzählige Male bewiesenen Verläßlichkeit, dem aus meiner Sicht hervorstechendsten Zug an diesem großen Charakter.[2]

Gadamer, der »ästhetisch sensible Platoniker«,[3] verfügte über eine sehr breite, fast alle Felder der Geisteswissenschaften abdeckende Bildung. Er schrieb in seinen Texten keinen Jargon, erfand keine eigene Terminologie und hat sich nie dazu hinreißen lassen, die esoterischen, zum Teil raunenden oder beschwörenden Sprachexperimente seines verehrten Lehrers Martin Heidegger (1889–1976) zu imitieren. Vielmehr bemühte sich Gadamer stets um ein in der

1 »Was ist verlässlich im Leben?« Gespräch mit Dieter Henrich, in: Bormuth/Bülow 2008, S. 13–64, hier: S. 27. Vgl. auch Henrich 2021, S. 73 f.
2 Michael Theunissen, »Erinnerung«, in: Figal 2000, S. 65.
3 Dieter Henrich, »Schach dem Meister der Maieutik«, in: Figal 2000, S. 38.

Regel allgemeinverständliches, flüssiges, elegantes, wohltuend unmodernes Deutsch, das nicht dem technischen Zeitgeist verpflichtet und frei war von übermäßiger terminologischer Schwere.

Gadamer war kein – um eine Bemerkung von Hans Blumenberg (1920–1996) über Georg Simmel (1858–1918) aufzunehmen – »harter Formulierer«. Seine Aussagen bieten gelegentlich durchaus Interpretationsspielraum. Gadamers Begrifflichkeit und die argumentative Entwicklung seiner Überlegungen lassen daher nicht selten eine letzte Klarheit und Präzision vermissen; er ruft nur eine gewisse Ahnung davon hervor, was ein Begriff bedeuten soll, evoziert oft und verzichtet auf eine explizite und erschöpfende Einführung seiner Grundbegriffe. Der begriffsgeschichtlich bewusste Gadamer lehnt darüber hinaus vorschnelle und willkürliche Definitionen und die »Illusion, man könne verbindliches philosophisches Sprechen normieren« ab.[4]

Als junger Mann war er nach eigener Aussage eher schüchtern, später souverän und bei aller Freundlichkeit gelegentlich in Diskussionen oder Rezensionen durchaus scharf in seinem Urteil, aber immer bereit zum Gespräch. Seine Schüler und Gesprächspartner waren beeindruckt von »seiner unvergleichlichen Ingeniosität des Hinhörens und des Sich-Einlassens«.[5]

Dass Gadamer der wohl wirkungsmächtigste deutsche Philosoph nach dem Zweiten Weltkrieg war, belegen nicht nur prominente Schüler, die mediale Aufmerksamkeit, der

4 GW 2, S. 494; vgl. S. 507.
5 Henrich 2008, S. 7.

er sich erfreuen konnte, sondern auch eine kaum noch zu überschauende (internationale) Sekundärliteratur zu seinem Werk sowie seine Präsenz in den einschlägigen philosophischen Debatten. Dabei beschränkte sich seine große Wirkung nicht allein auf die Philosophie, sondern er konnte auch in den Geisteswissenschaften, vor allem in der Theologie, den Literatur- und Kunstwissenschaften sowie in der Jurisprudenz, anhaltende Wirksamkeit entfalten.

Gadamer stieß nicht nur mit seinen Büchern, Schriften, Vorträgen und seiner akademischen Lehre auf Resonanz, sondern hatte auch universitäts- und wissenschaftspolitisch erheblichen Einfluss, stieß wichtige Projekte an und initiierte innovative Konzepte. So gab er zusammen mit Helmut Kuhn (1899–1991) seit 1953 die einflussreiche kritische Zeitschrift *Philosophische Rundschau* heraus, begründete einen Studienkreis für Begriffsgeschichte und veranstaltete eine Reihe begriffsgeschichtlicher Kolloquien.[6] 1962 gründete Gadamer die »Internationale Vereinigung zur Förderung des Studiums der Hegelschen Philosophie«, deren Präsident er für einige Jahre war, und gehörte neben Joachim Ritter (1903–1974), dem Herausgeber des *Historischen Wörterbuchs der Philosophie*, seit 1967 zum Herausgeberbeirat des von Karlfried Gründer (1928–2012) herausgegebenen *Archivs für Begriffsgeschichte*.

Neben der Frankfurter Schule um Max Horkheimer (1895–1973) und Theodor W. Adorno (1903–1969) sowie

6 Vgl. seine entsprechenden Berichte über die Arbeitstagungen der Senatskommission für Begriffsgeschichte 1958–1962, in: *Archiv für Begriffsgeschichte* 9 (1964). – Vgl. auch GW 2, S. 494.

der Münsteraner Schule von Joachim Ritter bildete die Heidelberger Gadamer-Schule die dritte wichtige und einflussreiche philosophische Schule in Deutschland in der zweiten Hälfte des 20. Jahrhunderts. Zu seinen zahlreichen Schülern zählen so bedeutende Philosophen, Literaturhistoriker und Kunsthistoriker wie u. a. Walter Schulz (1912–2000), Karl-Heinz Volkmann-Schluck (1914–1981), Arthur Henkel (1915–2005), Dieter Henrich (1927–2022), Reiner Wiehl (1929–2010), Heinz Kimmerle (1930–2016), Konrad Cramer (1933–2013), Wolfgang Bartuschat (1938–2022), Rüdiger Bubner (1941–2007), Gottfried Boehm (* 1942), Manfred Frank (* 1945), Wolfgang Wieland (1948–2023) und Günther Figal (1949–2024), die ihrerseits bedeutende Lehrstühle innehatten bzw. haben. Außerdem hatte Gadamer, der nach seiner Emeritierung Lehraufträge in den USA und Italien wahrnahm und bis ins höchste Alter Einladungen zu Vorträgen annahm, Schülerinnen und Schüler u. a. in Nordamerika, Italien, Spanien und Japan, wie z. B. Valerio Verra (1928–2001), Emilio Lledó (* 1927), Gianni Vattimo (1936–2023), Dennis J. Schmidt (* 1952), Jean Grondin (* 1955) und Donatella Di Cesare (* 1956).

Doch wer war diese imponierende Figur eigentlich?[7]

Hans-Georg Gadamer wurde am 11. Februar 1900 in Marburg geboren und wuchs in einem gutbürgerlich-akademischen Elternhaus auf. Im Oktober 1902 zog die Familie nach Breslau, wo sein Vater, Johannes Gadamer (1867–1928), eine Professur für Pharmazeutische Chemie übernahm. Seine Mutter, Emma Caroline Johanna Gewiese (1869–1904),

7 Zur Biographie siehe vor allem Grondin 1999 und Di Cesare 2009.

starb im Mai 1904, sein Vater heiratete im August 1905 zum zweiten Mal. Sein Vater war, wie sich Gadamer in seinen *Erinnerungen* ausdrückt, »eine selbstbewußte, leistungsstolze, energisch-tüchtige Persönlichkeit, ein Mann, der die autoritäre Kindererziehung schlechtester Art und bester Absicht recht drastisch verkörperte«, sei »mit Leib und Seele Naturwissenschaftler« gewesen, hatte aber »weitgespannte Interessen«.[8]

Am 13. März 1918 machte Gadamer sein Abitur und immatrikulierte sich am 22. April 1918 an der Breslauer Universität. Offensichtlich teilte er die naturwissenschaftlichen Interessen und Ressentiments seines Vaters gegen die »Schwätzprofessoren«[9] nicht, sondern »liebte Shakespeare und die griechischen wie die deutschen Klassiker und insbesondere Lyrik«.[10] Die Philosophie hatte ihn allerdings noch nicht erreicht. Sein Vater missbilligte die Neigungen seines Sohnes »zu Literatur und Theater und überhaupt zu den brotlosen Künsten […] von Herzen«.[11] Der Sohn setzte sich aber gegen seinen Vater durch und begann anfänglich noch ein wenig ziellos im Frühjahr 1918 in Breslau ein Studium der Geisteswissenschaften und studierte u. a. Germanistik, Romanistik, Geschichte, Kunstgeschichte, Musikwissenschaft, Sanskrit und Islamistik. Nach seinem ersten Semester wandte er sich der Philosophie zu und hörte u. a. im Sommersemester 1919 bei dem Neukantianer Richard Hönigswald (1875–1947) die Vorlesung *Einführung in die wissenschaftliche Philosophie*.

8 Gadamer, *Philosophische Lehrjahre*, S. 9.
9 Ebd., S. 15.
10 Ebd., S. 9.
11 Ebd., S. 10.

Bedingt durch die Rückberufung seines Vaters am 1. April 1919 an die Universität Marburg, setzte Gadamer ab Oktober 1919 sein Studium in Marburg fort und blieb dort fast 20 Jahre lang, zunächst als Student und später als Dozent. Wichtig wurden für ihn besonders der Kunsthistoriker Richard Hamann (1879–1961), der Romanist Ernst Robert Curtius (1886–1956) und der Wirtschaftshistoriker und enger Freund Stefan Georges (1868–1933), Friedrich Wolters (1876–1930). Philosophisch wichtig wurden Paul Natorp (1854–1924), neben Hermann Cohen (1842–1918) führende Persönlichkeit des Marburger Neukantianismus, und Nicolai Hartmann (1882–1950), der Hauptvertreter des jüngeren Marburger Neukantianismus.

Am 17. Mai 1922 promovierte Gadamer – auch aus seiner Rückschau wohl zu früh – bei Natorp und Hartmann mit der – unveröffentlicht bleibenden – Arbeit *Das Wesen der Lust nach den platonischen Dialogen*. Er stand, wie er in seiner *Selbstdarstellung* von 1975 bemerkt, zu dieser Zeit »vorwiegend unter dem Einfluß Nicolai Hartmanns«.[12]

Im August 1922 erkrankte Gadamer an Kinderlähmung und war gezwungen, monatelang in Isolation zu verbringen. In dieser Zeit erhielt er von Paul Natorp, dem späteren Mitbegründer der Marburger Schule, die Einleitung zu einem Typoskript Martin Heideggers mit dem Titel *Phänomenologische Interpretationen zu Aristoteles (Anzeige der hermeneutischen Situation)* zum Geschenk, das später als »Natorp-Bericht« Berühmtheit erlangen sollte. In diesem Text Heideggers, einer Ausarbeitung vom Herbst 1922 für die Marburger und Göttinger Philosophischen Fakultäten

12 GW 2, S. 483.

im Zusammenhang einer Wiederbesetzung zweier philosophischer Extraordinariate, skizziert er eine im Entstehen begriffene, aber nie fertiggestellte, Aristoteles-Monographie, die ab 1923 in Edmund Husserls (1859–1938) *Jahrbuch für Philosophie und phänomenologische Forschung* erscheinen sollte. Empfänger des Marburger Exemplars war Natorp, ein zweites Exemplar des Typoskripts ging an den Philosophen Georg Misch (1878–1965) nach Göttingen. Während die Göttinger Philosophische Fakultät auf Heideggers Typoskript ablehnend reagierte, wurde er aufgrund dieser Ausarbeitung im Sommer 1923 auf eine außerordentliche Professur in Marburg berufen, die er zum Wintersemester 1923/24 antrat.[13]

Wie Gadamer in seinen späteren Erinnerungen schreibt, war er von Heideggers Typoskript sofort gebannt:

13 Gadamers Exemplar des »Natorp-Berichts« ging im Zweiten Weltkrieg verloren. Erst 1989 wurde das Göttinger Exemplar im Nachlass des Misch-Schülers Josef König (1893–1974), der das Typoskripts von seinem Lehrer als Geburtstagsgeschenk erhalten hatte, wieder aufgefunden. Die Erstpublikation, herausgegeben von Hans-Ulrich Lessing (Heideggers »theologische« Jugendschrift), erfolgte im *Dilthey-Jahrbuch für Philosophie und Geschichte der Geisteswissenschaften* 6 (1989) S. 235–269 (mit einer Einl. Gadamers: S. 228–234 und einem Nachw. des Herausgebers: S. 270–274). Eine Einzelausgabe erschien 2003 im Reclam-Verlag: Martin Heidegger, *Phänomenologische Interpretationen zu Aristoteles.* Ausarbeitung für die Marburger und die Göttinger Philosophische Fakultät, hrsg. von Günther Neumann, Stuttgart 2002. Inzwischen liegt der »Natorp-Bericht« im Bd. 62 der Heidegger-Gesamtausgabe vor: *Phänomenologische Interpretationen ausgewählter Abhandlungen des Aristoteles zur Ontologie und Logik*, hrsg. von Günther Neumann. Frankfurt a. M. 2005, S. 341–399.

> Wie dort die Ausarbeitung der hermeneutischen Situation einer Aristoteles-Interpretation aufgebaut wurde, Luther und Gabriel Biel,[14] Augustin und das Alte Testament ins Spiel kamen und damit das griechische Denken in seiner Sonderart und in seiner Anfänglichkeit sich abzeichnete – ich weiß nicht, wieviel ich eigentlich verstand. Schließlich war ich meinem Doktortitel zum Trotz ein 22jähriger Junge, der mehr dunkel ahnte und auf Dunkles ahnungsvoll reagierte, als daß er wirklich wußte, worum es ging.[15]

Die Lektüre bedeutete für den jungen Gadamer, damit zu beginnen, sich philosophisch vollständig umzuorientieren. War er zuvor durch die unterschiedlichen Formen des Neukantianismus geprägt worden, die er bei Hönigswald, Natorp und Hartmann kennengelernt hatte, so erwies sich die Begegnung mit Heideggers Entwurf, der gedanklich und auch sprachlich ganz neue Denk-Bahnen eröffnete, als eine Art Urerfahrung:

> Das war für mich wie das Getroffenwerden von einem elektrischen Schlage. […] Auch jetzt war es gewiß kein zureichendes Verständnis […]. Aber daß da vom jungen Luther, von Gabriel Biel und Petrus Lombardus, von Augustin und von Paulus die Rede war und Aristoteles gerade auf diese Weise in den Blick kam und daß da eine höchst ungewohnte Sprache gesprochen wurde, daß die

14 *Gabriel Biel:* 1418–1495, Philosoph und Scholastiker, Mitbegründer der Universität Tübingen.

15 Gadamer, *Philosophische Lehrjahre*, S. 24.

Rede war von dem »Um-zu«, des »Worauf-hin«, des »Vorgriffs« und »Durchgriffs« – so etwas steht noch heute in meinem Gedächtnis –, das griff durch. Das war kein bloß gelehrtes oder problemgeschichtlich beruhigtes Tun. Der ganze Aristoteles rückte einem auf den Leib, und als ich dann in Freiburg erste Anleitung empfing, gingen mir die Augen auf.[16]

Aufgrund der umstürzenden Begegnung mit diesem Heidegger-Manuskript fasste Gadamer den Entschluss, nach seiner Genesung an die Universität Freiburg zu wechseln, um bei Heidegger zu studieren. Gadamer verbrachte daher das Sommersemester April bis Juli 1923 in Freiburg. Heidegger war von dem Hartmann-Schüler anfänglich wenig beeindruckt, wie ein Brief an Karl Löwith zeigt:

> Ich werde auch bei einem Schüler Hartmanns – einem Dr. Gadamer, der dieses Semester hier war – und jetzt einige Tage mit seiner Frau bei uns auf der Hütte – bremsen. Ursprünglich Königswald – Natorp – jetzt begeisterter Hartmannanhänger, in diesem Semester bei mir angeschlossen – sehr versiert, voll akademischen Klatsches, sehr impressionabel – sein Vater Ordinarius in Marburg; er will bei Hartmann habilitieren – dazu über Aristoteles arbeiten; vorläufig sehe ich nichts Positives bei ihm. Redet Begriffe und Sätze nach – ist aber genau so hilflos wie sein »Meister«. Ich werde mich hier unbedingt dazwischen stellen, wenn es zu einer schnellen Habilitation kommen sollte. Er schreibt jetzt eine Rezension über Hartmanns

16 Ebd., S. 212 f.

»Metaphysik« – die Gedanken hat er von mir – von Philosophie hatte er bislang nicht die leiseste Ahnung.[17]

Gadamer hörte Heideggers Vorlesung *Ontologie (Hermeneutik der Faktizität)*[18] und nahm an diversen weiteren Lehrveranstaltungen Heideggers teil. Wie gewaltig und tiefgreifend der Eindruck Heideggers auf den jungen Gadamer war, wird zumindest vielleicht nachvollziehbar, wenn man sich die vielen Erinnerungsstücke und Berichte des älteren und alten Gadamer über die Wirkung Heideggers in Freiburg und besonders in Marburg vergegenwärtigt, etwa dessen »geradezu dramatisches Auftreten, eine Wucht der Diktion, eine Konzentration im Vortrag, die alle Zuhörer in ihren Bann schlug«.[19] Noch der späte Gadamer spricht von seiner »fast magischen Wirkung« und erwähnt die »revolutionäre Wucht«, mit der Heidegger seinen Appell nach einer »radikalen und existenzbezogenen Verbindlichkeit des Denkens« zum Ausdruck brachte. Heidegger ragte aus der übrigen Dozentenschaft heraus durch eine »unvergleichliche Faszination, die er ausübte«,[20] denn »wenn Heidegger dozierte, sah man die Dinge vor sich, als ob sie körperhaft greifbar wären.«[21]

Die Fragen, die einer aufgewühlten, in ihrer Bildungstradition, in ihrem Kulturstolz erschütterten, von den Schrecken der Materialschlachten des ersten Weltkrieges

17 Brief vom 23. August 1923, in: Heidegger/Löwith 2017, S. 103.
18 Vgl. GW 3, S. 225, 421 f.
19 GW 3, S. 182.
20 Ebd., S. 189.
21 Gadamer, *Philosophische Lehrjahre*, S. 213.

gelähmten Generation auf den Nägeln brannten, waren auch seine Fragen.[22]

Mit Heideggers Auftreten schien »ein vollständiger Bruch mit der traditionellen akademischen Philosophie einzutreten«, ein neuer »Aufbruch ins Unbekannte, der allen bloßen Bildungsmächten des christlichen Abendlandes ein Neues entgegensetzte«, denn »bis in die Sprache hinein, im Hochsteigern der eigenen deutschen Sprache zum Begriff, schien jeder Vergleich mit dem, was bisher Philosophie hieß, durch Heidegger niedergeschlagen«.[23]

Zum Wintersemester 1923 trat Heideggers seine außerordentliche Professur in Marburg an, und Gadamer kehrte mit ihm im Oktober 1923 zurück nach Marburg und wurde einer seiner engsten Schüler.

Was zog an Heidegger so an? Gadamer führt in seiner *Selbstdarstellung* aus:

> Natürlich wußte ich das damals nicht zu sagen. Heute stellt es sich mir so dar: Hier wurden die Gedankenbildungen der philosophischen Tradition lebendig, weil sie als Antworten auf wirkliche Fragen verstanden wurden. Die Aufdeckung ihrer Motivationsgeschichte verlieh diesen Fragen etwas Unausweichliches. [...] Sie wurden zu eigenen Fragen.[24]

Die neukantianische Problemgeschichte erschien vor Heideggers Ansatz als allzu naiv: In Marburg fand sich Gada-

22 GW 3, S. 189.
23 Ebd., S. 229.
24 GW 2, S. 484.

mer mit anderen Heidegger-Schülern in einem Freundeskreis zusammen, zu dem u. a. Karl Löwith (1897–1973), Gerhard Krüger (1902–1972), Jacob Klein (1899–1978) und Walter Bröcker (1902–1992) gehörten, die gemeinsam Heideggers Lehrveranstaltungen besuchten und diese beim anschließenden Frühstück (»aristotelische Frühstücke«) diskutierend nachbereiteten.[25] Man hat diesen Zusammenschluss der ältesten Heidegger-Schüler, der für die Entwicklung von Gadamers Denken so wichtig ist, später als »Marburger Hermeneutik« bzw. als »Marburger Konstellation« bezeichnet.[26] Zu dieser Konstellation gehörten neben Heidegger und seinen Schülern auch der evangelische Theologe Rudolf Bultmann (1884–1976) und dessen Schüler. Bultmann lehrte zwischen 1921 und 1951 in Marburg, war mit Heidegger freundschaftlich verbunden und wurde bekannt durch sein Programm einer »Entmythogisierung« des *Neuen Testaments*.

Im Sommersemester 1925 begann Gadamer zusätzlich ein Studium der Klassischen Philologie, vor allem bei dem Gräzisten Paul Friedländer (1882–1968), das er am 20. Juli 1927 mit dem Staatsexamen abschloss.[27] Der Grund für die Aufnahme dieses Studiums waren scharfe, kritische Bemerkungen Heideggers in einem Brief von 1924 an Gadamer, die sein philosophisches Leistungsvermögen betrafen.[28] Der dadurch von starken Selbstzweifeln an seiner wissenschaftlichen Begabung geplagte Gadamer wollte

25 Vgl. Gadamer, *Philosophische Lehrjahre*, S. 35.
26 Vgl. Bormuth/Bülow 2008.
27 Vgl. Grondin 1999., S. 139 ff.
28 Vgl. ebd., S. 138: »Wenn Sie nicht genügend Härte gegen sich selbst aufbringen, wird nichts aus Ihnen.«

sich mit dem Studium der Klassischen Philologie eine feste Grundlage für sein weiteres Philosophieren verschaffen. Und dies gelang ihm auch, denn unmittelbar nach dem Examen bot Heidegger Gadamer an, sich bei ihm zu habilitieren und kam damit Friedländer zuvor, der seinerseits beabsichtigt hatte, Gadamer eine Habilitation in der Klassischen Philologie vorzuschlagen.

Gadamers unter der Leitung Heideggers verfasste Habilitationsschrift beschäftigt sich wie schon seine Dissertation mit Platon. Zum Sommersemester 1928 ging Heidegger zurück an die Freiburger Universität und trat die Nachfolge Edmund Husserls an. Am 16. Februar 1929 hielt Gadamer seine Probevorlesung *Hegelsche und antike Dialektik*, und am 23. Februar 1929 erfolgte seine Habilitation bei Heidegger und Friedländer mit der Arbeit *Interpretation des platonischen Philebos*. Seine Antrittsvorlesung als Privatdozent hielt er am 23. Februar 1929 über *Die Rolle der Freundschaft in der philosophischen Ethik*. Seine Habilitationsschrift erschien 1931 in überarbeiteter Fassung unter dem Titel *Platos dialektische Ethik*.

Nach mehreren Vertretungsprofessuren in Kiel und Marburg wurde Gadamer am 20. April 1937 zum nichtbeamteten außerordentlichen Professor an der Universität Marburg ernannt, und am 1. Januar 1939 erfolgte die Berufung zum ordentlichen Professor für Philosophie an der Universität Leipzig als Nachfolger Arnold Gehlens (1904–1976). Seine Antrittsvorlesung am 8. Juli 1939 in Leipzig galt dem Thema *Hegel und der geschichtliche Geist*, und Gadamers erste Vorlesung trug den Titel *Kunst und Geschichte*.

Nach dem Krieg machte Gadamer eine glänzende Karriere. Am 21. Januar 1946 wurde der politisch unbelastete

Gadamer zum Rektor der Leipziger Universität gewählt, trat aber schon am 1. Oktober 1947 aus politischen Gründen von seinem Amt zurück, da sich seine Hoffnung auf einen demokratischen Neuanfang an der Leipziger Universität als Illusion herausgestellt hatte. Es gelang ihm, eine vertretungsweise Anstellung an der Universität Frankfurt am Main zu erlangen und war dort ab dem 1. Juli 1948 als ordentlicher Professor tätig. Am 15. Oktober 1949 wurde Gadamer ordentlicher Professor in Heidelberg in der Nachfolge von Karl Jaspers (1883–1969).

Der öffentliche Ruhm kam eher spät. Bis zum 60. Geburtstag war Gadamer nur in Fachkreisen bekannt und galt vornehmlich als Philosoph, der – auf gediegener philologischer Basis – eine Reihe von Studien zur griechischen Philosophie vorgelegt hatte. Dies spiegelt sich auch in der ersten Festschrift wider, die Gadamer von seinen Schülern zum 60. Geburtstag gewidmet wurde. Sie trug den Titel: *Die Gegenwart der Griechen im neueren Denken.*

1960 konnte nach fast einem Jahrzehnt der Vorbereitung – der Arbeitsbeginn war im Jahr 1952 – endlich Gadamers Hauptwerk *Wahrheit und Methode* veröffentlicht werden, durch das er zum weltweit anerkannten Begründer der »philosophischen Hermeneutik« und zum Repräsentanten der deutschen Philosophie wurde. 1967 erschien der erste von vier Bänden seiner *Kleinen Schriften.*

Am 14. Februar 1968 wurde Gadamer in Heidelberg emeritiert, setzte aber seine Lehrtätigkeit in Heidelberg bis zum Wintersemester 1969/70 fort. Seit 1968 unternahm er zahlreiche Reisen ins Ausland, vor allem nach Kanada und in die USA, wo er jedes Jahr regelmäßig Lehrveranstaltungen durchführte.

Zwischen 1967 und 1971 führte Gadamer eine Auseinandersetzung mit Jürgen Habermas und anderen über seine philosophische Hermeneutik, die in dem Sammelband *Hermeneutik und Ideologiekritik* dokumentiert ist. Vom 25. bis 27. April 1981 fand die erste Begegnung mit Jacques Derrida in Paris statt,[29] eine ohne greifbares Resultat bleibenden Diskussion über Hermeneutik und Dekonstruktivismus. Weitere Begegnungen mit Derrida folgten im Februar 1988 in Heidelberg,[30] am 17. November 1993 wiederum in Paris und am 28. Februar 1994 in Capri, diesmal unter der Teilnahme von Gianni Vattimo und anderen.[31]

Die Debatten mit Habermas und Derrida

Die beiden wichtigsten Debatten, in die Gadamer im Zusammenhang der Rezeption seines Entwurfs einer philosophischen Hermeneutik verwickelt war, sind die kritischen Auseinandersetzungen mit dem deutschen Philosophen und Soziologen Jürgen Habermas um das Verhältnis zwischen Hermeneutik und Ideologiekritik und mit dem französischen Philosophen Jacques Derrida (1930–2004), einem der wichtigsten Köpfe des französischen Poststrukturalismus und Dekonstruktivismus.

Von besonderer Bedeutung war dabei vor allem der Disput mit Habermas, dem ehemaligen Adorno-Assistenten und führenden Vertreter der zweiten Generation der

29 *Text und Interpretation.* – Vgl. auch Derrida/Gadamer 2004.

30 Derrida/Gadamer/Lacoue-Labarthe 2016.

31 Derrida/Vattimo 2001.

Kritischen Theorie der Frankfurter Schule, insofern hier zentrale Grundannahmen Gadamers auf den Prüfstand gestellt wurden und sich Gadamer dadurch zu einigen Erläuterungen und Klarstellungen genötigt sah. Habermas vertrat in dieser Auseinandersetzung mit Gadamer eine kritische Sozialwissenschaft, die sich durch ein emanzipatorisches Interesse mit der Intention einer vernünftigen Gestaltung der Gesellschaft definierte. Er stützte sich dabei auf eine marxistisch inspirierte und durch Sigmund Freuds (1856–1936) Psychoanalyse ergänzte Ideologiekritik, die zum Ziel hatte, »falsches Bewusstsein«, das die durch Machtinteressen und -beziehungen geprägte gesellschaftliche Realität verschleierte, zu analysieren und aufzulösen.

Habermas war von Gadamer, der früh seine intellektuelle Brillanz erkannt hatte, in seiner akademischen Karriere nachhaltig gefördert worden. So sorgte er dafür, dass Habermas noch vor Abschluss seiner Habilitation auf eine außerordentliche Professur an der Heidelberger Universität berufen wurde, die er von 1961 bis 1964 bekleidete, bevor er einen Ruf als Nachfolger Max Horkheimers an der Universität Frankfurt am Main annahm.

In dieser Debatte, der von der akademischen Öffentlichkeit große Beachtung geschenkt wurde, standen sich mit Gadamer ein Kritiker der Aufklärung, der ihr vorhielt, ein Vorurteil gegenüber dem Vorurteil kultiviert zu haben, und mit Habermas ein Verteidiger des »Projekts der Aufklärung« gegenüber. Entsprechend standen im Mittelpunkt der Debatte eine Auseinandersetzung um Gadamers Rehabilitierung von Autorität und Tradition sowie die Frage nach der Funktion von Reflexion.

Eröffnet wird die Habermas-Gadamer-Debatte[32] durch Habermas' kritische Diskussion wesentlicher Grundprinzipien von Gadamers philosophischer Hermeneutik in seinem Literaturbericht *Zur Logik der Sozialwissenschaften*, den er 1967 als Beiheft zu der von Gadamer mitherausgegebenen *Philosophischen Rundschau* veröffentlicht hatte. Diese kritische Auseinandersetzung findet sich im 3. Kapitel (»Zur Problematik des Sinnverstehens in den empirisch-analytischen Handlungswissenschaften«) des Literaturberichts, in dem Habermas drei »Ansätze«, und zwar den phänomenologischen (u. a. Alfred Schütz), den linguistischen (u. a. Ludwig Wittgenstein und Peter Winch) sowie den hermeneutischen Ansatz (v. a. Gadamer) einer vergleichenden Analyse unterzieht.[33]

Die Kritik von Habermas, die sich erkennbar aus dem Arsenal der Kritischen Theorie speist, richtet sich zunächst auf Gadamers Grundbestimmung der philosophischen Hermeneutik, dem er ein »im Sinne Heideggers ontologische[s] Selbstverständnis der Hermeneutik« vorwirft:

> Die Konfrontation von »Wahrheit« und »Methode« hätte Gadamer nicht verleiten dürfen, die hermeneutische Erfahrung abstrakt der methodischen Erkenntnis im ganzen entgegenzusetzen. [...] Der Anspruch, den Hermeneutik gegen den auch praktisch folgenreichen Absolutismus ei-

32 Die Debatte wurde im Theorie-Diskussions-Band *Hermeneutik und Ideologiekritik* (zit. als: HuI) dokumentiert. Die einschlägigen Debattenbeiträge von Habermas und Gadamer wurden ergänzt um Texte von Karl-Otto Apel, Claus von Bormann, Rüdiger Bubner und Hans-Joachim Giegel.

33 Der Gadamer betreffende Teil findet sich in: HuI, S. 45–56.

> ner allgemeinen Methodologie der Erfahrungswissenschaften legitim zur Geltung bringt, dispensiert nicht vom Geschäft der Methodologie überhaupt – er wird, so müssen wir fürchten, entweder *in* den Wissenschaften wirksam, oder gar nicht.[34]

Gegen Gadamers zentrale These, Verstehen sei nicht als eine Handlung der Subjektivität zu denken, sondern vielmehr als ein »Einrücken in ein Überlieferungsgeschehen«, in dem sich Vergangenheit und Gegenwart beständig vermitteln, bringt Habermas die »Einsicht« zur Geltung, »daß die reflektierte Aneignung der Tradition die naturwüchsige Substanz der Überlieferung bricht und die Stellung der Subjekte in ihr verändert«. Mit anderen Worten:

> aus der strukturellen Zugehörigkeit des Verstehens zu Traditionen, die es durch Aneignung auch fortbildet, folgt nicht, daß sich das Medium der Überlieferung durch wissenschaftliche Reflexion nicht tiefgreifend verwandelte.[35]

Wie Habermas weiter ausführt, ist in einer ungebrochen wirksamen Tradition

> nicht bloß eine von Einsicht losgelöste Autorität am Werke, die blind sich durchsetzen könnte; jede Tradition muß weitmaschig genug gewebt sein, um Applikation, d. h. eine kluge Umsetzung mit Rücksicht auf veränderte Situationen, zu gestatten.[36]

34 HuI, S. 46.
35 Ebd., S. 47.
36 Ebd., S. 47 f.

Daher kommt Habermas zu dem Schluss, dass Gadamer letztlich »die Kraft der Reflexion« verkenne, »die sich im Verstehen entfaltet«.[37] An Gadamer, der – so Habermas – die Einsicht in die Vorurteilsstruktur des Verstehens zu einer »Rehabilitierung des Vorurteils als solchem« umgewendet habe, richtet Habermas die zweifellos nicht unberechtigte Frage, ob »aus der Unvermeidlichkeit des hermeneutischen Vorgriffs eo ipso« folge, »daß es legitime Vorurteile gibt«.[38]

In diesem Zusammenhang greift Habermas Gadamers Konservativismus und insbesondere dessen Autoritätsbegriff an. Gadamers Überzeugung, dass wahre Autorität nichts mit Gehorsam zu tun habe und nicht autoritär auftreten müsse, sondern im Gegenteil auf einer Anerkenntnis aus Vernunft und Erkenntnis beruhe, hält Habermas entgegen, dass diese philosophische Grundüberzeugung »nicht durch Hermeneutik gedeckt ist, sondern allenfalls durch deren Verabsolutierung«.[39] Gegen Gadamers Plädoyer für eine rein durch Vernunft legitimierte Autorität formuliert Habermas einen gewichtigen Einwand:

> Gadamer hat den Typus von Bildungsprozeß vor Augen, durch den Überlieferung in individuelle Lernvorgänge umgesetzt und als Tradition angeeignet wird. Die Person des Erziehers legitimiert hier Vorurteile, die dem Lernenden mit Autorität, und das heißt, wie immer wir es wenden wollen: unter potentieller Androhung von

37 Ebd., S. 48.
38 Ebd.
39 Ebd.

> Sanktionen und mit Aussicht auf Gratifikationen, eingebildet werden.[40]

Gadamer denkt, so Habermas, also eine Tradition, die nicht durch kritische Reflexion tangiert oder in Frage gestellt wird. Während Habermas auf die Kraft der Reflexion vertraut, bestreite »Gadamers Vorurteil für das Recht der durch Tradition ausgewiesenen Vorurteile [...] die Kraft der Reflexion, die sich doch darin bewährt, daß sie den Anspruch von Traditionen auch abweisen kann«. Denn: »Substantialität zergeht in der Reflexion«.[41] So kann Habermas zusammenfassen: »Autorität und Erkenntnis konvergieren nicht.«[42]

Gegen Gadamers Rehabilitierung von Tradition und Autorität aus dem Geiste des Konservativismus erinnert Habermas mit seinen Einwänden an die »Erfahrung der Reflexion«, die er als das »unverlierbare Erbe« bezeichnet, »das uns vom Deutschen Idealismus aus dem Geist des 18. Jahrhunderts vermacht ist«.[43] Und die von Gadamer formulierte Einsicht, dass die »Seinsart der Überlieferung« Sprache ist, wird von Habermas ideologiekritisch unterlaufen. Denn, so Habermas, Sprache ist nicht nur eine »Art Metainstitution, von der alle gesellschaftlichen Institutionen abhängen«, sondern »*auch* ein Medium von Herrschaft und sozialer Macht«, denn »sie dient der Legitimation von Beziehungen organisierter Gewalt« und kann auch »ideologisch« sein.[44] So kann,

40 Ebd.
41 Ebd., S. 49.
42 Ebd., S. 50.
43 Ebd.
44 Ebd., S. 52 f.

wie Habermas ausführt, die hermeneutische Erfahrung, »die auf eine solche Abhängigkeit des symbolischen Zusammenhangs von faktischen Verhältnissen stößt«, in Ideologiekritik übergehen.[45] Gegen Gadamer, dem Habermas vorwirft, einen »Idealismus der Sprachlichkeit« zu vertreten und »gesellschaftliche Prozesse ganz zu kultureller Überlieferung«[46] zu sublimieren, bringt er den Grundgedanken seiner Kritischen Theorie zur Geltung, indem er ausführt:

> *Der objektive Zusammenhang, aus dem soziale Handlungen allein begriffen werden können, konstituiert sich aus Sprache, Arbeit und Herrschaft zumal.* An Systemen der Arbeit wie der Herrschaft relativiert sich das Überlieferungsgeschehen, das nur einer verselbständigten Hermeneutik als die absolute Macht entgegentritt.[47]

Gefordert wird damit also eine ideologiekritische (marxistische) Überwindung einer reinen, allein auf die kulturelle Überlieferung ausgerichteten Hermeneutik. Gadamer – so Habermas' Fazit – erkenne nicht,

> daß er in der Dimension des Überlieferungsgeschehens immer schon als vermittelt denken muß, was der ontologischen Differenz zufolge einer Vermittlung nicht fähig ist: die sprachlichen Strukturen und die empirischen Bedingungen, unter denen sie sich historisch wandeln.[48]

45 Ebd., S. 53.
46 Ebd., S. 55.
47 Ebd., S. 54.
48 Ebd., S. 55.

In seinen unter dem Titel *Rhetorik, Hermeneutik und Ideologiekritik* vorgelegten »metakritischen Erörterungen zu ›Wahrheit und Methode‹«[49] erinnert Gadamer zunächst an den Ausgangspunkt sowie die Problemstellung seiner philosophischen Hermeneutik und setzt sich auch mit der von Habermas vorgetragenen Kritik auseinander. Dabei weist er insbesondere den Vorwurf einer »Reflexionsvergessenheit« scharf zurück. Indem Gadamer auf die »essentielle Sprachlichkeit aller menschlichen Welterfahrung«[50] und »Universalität des hermeneutischen Problems«[51] bzw. die »universale Funktion der Hermeneutik«[52] verweist, wehrt er sich außerdem gegen die Kritik, Hermeneutik wäre

> auf die ästhetisch-humanistische Tradition allein beschränkt und als habe es die hermeneutische Philosophie mit einer der Welt des »realen« Seins entgegengesetzten Welt des »Sinnes« zu tun, die sich in der »kulturellen Überlieferung« ausbreitet.[53]

Um Habermas' Vorwurf zu entkräften, er ignoriere die Kraft der Reflexion, stellt Gadamer die Frage: »In welches Verhältnis setzt sich die wirkungsgeschichtliche Reflexion zu der Tradition, deren sie sich bewußt wird?«[54] Und er antwortet mit Verweis auf seine Grundüberzeugung menschlicher

49 Ebd., S. 57–82.
50 Ebd., S. 57.
51 Ebd., S. 58.
52 Ebd., S. 64.
53 Ebd., S. 65.
54 Ebd., S. 68.

wirkungsgeschichtlichen Bedingtheit und Endlichkeit: Seine These sei,

> den Gegensatz zwischen fortlebender, »naturwüchsiger« Tradition und reflektierter Aneignung derselben als dogmatisch zu durchschauen. Dahinter steckt ein dogmatischer Objektivismus, der auch noch den Begriff der Reflexion deformiert. Der Verstehende ist auch in den verstehenden Wissenschaften aus dem wirkungsgeschichtlichen Zusammenhang seiner hermeneutischen Situation nicht so herausreflektiert, daß sein Verstehen nicht selber in dieses Geschehen einginge.[55]

Dies versucht Gadamer an einigen Beispielen bekannter Historiker plausibel zu machen. Daher kann er unter Rückgriff auf seine bekannte Formulierung aus *Wahrheit und Methode* auch sagen: »Verstehen ist selber Geschehen. Nur ein naiver, unreflektierter Historismus wird in den historisch-hermeneutischen Wissenschaften ein absolut Neues sehen, das die Macht der Tradition aufhebt.«[56]

Darüber hinaus weist Gadamer den Vorwurf eines »Idealismus der Sprachlichkeit« zurück und bestreitet vehement die von Habermas aufgestellte These, dass die gesellschaftlichen Realfaktoren von Arbeit und Herrschaft außerhalb der Grenzen der hermeneutischen Problemstellung lägen.[57] Außerdem wehrt er sich gegen die Unterstellung, die kulturelle Überlieferung zu verabsolutieren

55 Ebd.
56 Ebd., S. 69.
57 Ebd., S. 71.

und Hermeneutik auf eine »Welt des Sinnes« einzuengen:[58]

> Sprache ist nicht das endlich gefundene anonyme Subjekt aller gesellschaftlich-geschichtlichen Prozesse und Handlungen, das sich und das Ganze seiner Tätigkeiten, Objektivationen unserem betrachtenden Blick darböte, sondern sie ist das Spiel, in dem wir alle mitspielen.[59]

Schließlich wiederholt Gadamer seine in *Wahrheit und Methode* ausführlich entwickelte und begründete Einsicht, dass Autorität und Vernunft – im Gegensatz zur Aufklärung – keine Antithese darstellen und wirkliche Autoritätsverhältnisse auf Anerkennung bzw. Erkenntnis beruhen. Strittig sei zwischen Habermas und Gadamer, – so Letzterer, – vor allem die grundlegende Frage, »ob Reflexion immer die substantiellen Verhältnisse auflöst oder sie gerade auch in Bewußtheit übernehmen kann«.[60] Da Habermas davon ausgehe, dass Reflexion oder Bewusstmachung immer nur Geltendes annulliert, wirft Gadamer ihm einen dogmatisch vorbelasteten, man könnte auch sagen: verkürzten Begriff von Reflexion vor.[61]

Weitergeführt wird die Auseinandersetzung mit Gadamer von Habermas in seinem Aufsatz »Der Universalitätsanspruch der Hermeneutik«[62], der 1970 als Beitrag zur Gadamer-Festschrift *Hermeneutik und Dialektik* erschien. In

58 Vgl. ebd., S. 71 f.
59 Ebd., S. 72.
60 Ebd., S. 74.
61 Vgl. ebd., S. 75.
62 Ebd., S. 120–159.

dieser Abhandlung kritisiert Habermas das in seinen Augen falsche ontologische Selbstverständnis der Hermeneutik, verteidigt den von der Aufklärung behaupteten Gegensatz zwischen Autorität und Vernunft und bestreitet die Geltung der von Gadamer vertretenen These eines »Universalitätsanspruchs der Hermeneutik«, unter Rekurs auf Ergebnisse der Linguistik und der Psychoanalyse, die versucht, neurotisch verzerrtes, unverständliches Sprechen zu erklären, wobei er sich insbesondere auf die einschlägigen Arbeiten von Alfred Lorenzer (1922–2002) stützt.

Unter dem »Universalitätsanspruch der Hermeneutik« versteht Gadamer – sehr verkürzt – die aus der »universellen Sprachlichkeit des menschlichen Weltverhaltens«[63] folgende Universalität des hermeneutischen Ansatzes:[64]

> Gadamer wendet die hermeneutisch zu Bewußtsein gebrachte Kontextabhängigkeit des Sinnverstehens, die uns nötigt, jeweils von einem traditionsgestützten Vorverständnis auszugehen und in allem Belehrtwerden beständig neues Vorverständnis auszubilden, ontologisch zu einem unabwendbaren Primat der sprachlichen Überlieferung.[65]

Dieser »unabwendbare Primat der sprachlichen Überlieferung« (man könnte auch von einer Unhintergehbarkeit der sprachlichen Welterschließung sprechen) wird nach Habermas allerdings nicht zuletzt durch die von ihm aus-

63 Ebd., S. 57, 59, 64.
64 Ebd., S. 65; vgl. S. 70.
65 Ebd., S. 151.

führlich referierten Einsichten der Tiefenhermeneutik, »die die spezifische Unverständlichkeit systematisch verzerrter Kommunikation aufklärt«,[66] unterlaufen:

> Schon *die implizite Kenntnis der Bedingungen systematisch verzerrter Kommunikation*, die im tiefenhermeneutischen Gebrauch der kommunikativen Kompetenz tatsächlich vorausgesetzt wird, *genügt, um das ontologische Selbstverständnis der Hermeneutik*, das Gadamer im Anschluß an Heidegger expliziert, *in Frage zu stellen*.[67]

Gegen Gadamers These, dass die hermeneutische Klärung, also das Verstehen un- oder missverständlicher Lebensäußerungen immer auf einen Konsens, ein »tragendes Einverständnis« zurückführen muss,[68] bringt Habermas die tiefenhermeneutische Erkenntnis zur Geltung,

> daß sich in der Dogmatik des Überlieferungszusammenhangs nicht nur die Objektivität der Sprache überhaupt, sondern die Repressivität eines Gewaltverhältnisses durchsetzt, das die Intersubjektivität der Verständigung als solche deformiert und die umgangssprachliche Kommunikation systematisch verzerrt.[69]

Mit anderen Worten: Das von Gadamer postulierte »tragende Einverständnis«, also der Konsens, der einer verfehlten Verständigung immer vorausgeht, steht grundsätzlich

66 Ebd., S. 147; vgl. S. 135.
67 Ebd., S. 151.
68 Vgl. ebd., S. 151 f.
69 Ebd., S. 153.

unter dem Verdacht, durch Gewaltverhältnisse bzw. durch »Verblendung« zustande gekommen, also »pseudokommunikativ erzwungen zu sein«. Eine »kritisch über sich aufgeklärte Hermeneutik«, die Habermas gegen Gadamers philosophische Hermeneutik in Stellung bringt, integriert dieses metahermeneutische Wissen über Bedingungen und Strukturen systematisch verzerrter Kommunikation und

> bindet Verstehen an das Prinzip vernünftiger Rede, demzufolge Wahrheit nur durch *den* Konsensus verbürgt sein würde, der unter den idealisierten Bedingungen unbeschränkter und herrschaftsfreier Kommunikation erzielt worden wäre und auf Dauer behauptet werden könnte.[70]

Dieser »wahre« Konsens, den Habermas gegenüber Gadamer ins Spiel bringt, ist somit das Ergebnis, das unter den kontrafaktischen, idealen Bedingungen eines unbegrenzten und herrschaftsfreien Diskurses erzielt wurde. Unter »Wahrheit« versteht Habermas den eigentümlichen »Zwang zu zwangloser universaler Anerkennung«, die gebunden ist »an eine ideale Sprechsituation, und das heißt Lebensform, in der zwanglose universale Verständigung möglich ist«.[71] Kritisches Sinnverstehen muss sich daher »die formale Antizipation richtigen Lebens zumuten«. Oder anders ausgedrückt: »Die Idee der Wahrheit, die sich am wahren Konsensus bemißt, impliziert die des wahren Lebens. Wir können auch sagen: sie schließt die Idee der

70 Ebd., S. 154.
71 Ebd.

Mündigkeit ein«.[72] Kritische Hermeneutik geht damit nach Habermas bruchlos in praktische Philosophie über.

Gadamers philosophische Hermeneutik basiert auf der Einsicht in die Vorurteilsstruktur des Verstehens. Aus dieser leitet er die Forderung nach einer Rehabilitierung von Vorurteil und Autorität ab. Autorität lebt Gadamer zufolge und im Unterschied zur Annahme der Aufklärung von Anerkennung, d. h., Autorität konvergiert mit Vernunft oder vernünftiger Einsicht. Dagegen erneuert Habermas unter Rückgriff auf Grundgedanken seiner Konsenstheorie der Wahrheit den von der Aufklärung postulierten Gegensatz von Autorität und Vernunft:

> Anerkennung einer Überlieferung, und das bedeutet die Annahme des Wahrheitsanspruchs dieser Tradition, kann freilich nur mit Erkenntnis selber gleichgesetzt werden, wenn in der Tradition Zwanglosigkeit und Unbeschränktheit der Verständigung über Tradition gesichert wären.

Gadamers Argument setze voraus,

> daß sich die legitimierende Anerkennung und das Autorität begründende Einverständnis gewaltlos einspielen. Die Erfahrung systematisch verzerrter Kommunikation widerstreitet dieser Voraussetzung.[73]

Mit einer *Replik*,[74] in der er sich mit seinen Kritikern, vor allem Habermas, auseinandersetzt, beschließt Gadamer den

72 Ebd., S. 155.
73 Ebd., S. 156.
74 Ebd., S. 283–317.

Diskussionsband *Hermeneutik und Ideologiekritik*, indem er noch einmal den Sinn und die Intentionen seiner philosophischen Hermeneutik erläutert und an »die Grundvoraussetzung der hermeneutischen Aufgabenstellung«[75] erinnert, die er wiederherzustellen versuchte, nämlich »die der Aneignung eines überlegenen Sinnes«.[76] Zugleich bekräftigt Gadamer seine These, dass die philosophische Hermeneutik einen Anspruch auf Universalität erhebt:

> Sie begründet ihn damit, daß Verstehen und Verständigung nicht primär und ursprünglich ein methodisch geschultes Verhalten zu Texten meinen, sondern die Vollzugsform des menschlichen Soziallebens sind, das in letzter Formalisierung eine Gesprächsgemeinschaft ist.

Von dieser Gemeinschaft sei nichts ausgenommen,

> keine Welterfahrung überhaupt. Weder die Spezialisierung der modernen Wissenschaften und ihre zunehmende Betriebsesoterik, noch die materielle Arbeit und ihre Organisationsformen, noch die politischen Herrschafts- und Verwaltungsinstitutionen, die die Gesellschaft verfaßt halten, befinden sich außerhalb dieses universalen Mediums praktischer Vernunft (und Unvernunft).[77]

Dies bedeute allerdings nicht, dass alle menschliche Welterfahrung nichts anderes als ein Sprachvorgang sei und es

75 Ebd., S. 301.
76 Ebd., S. 302.
77 Ebd., S. 289.

keine sprachlosen Kommunikationsformen und außersprachlichen Verstehensformen gebe. Aber, – so Gadamer, – »eben in der Mitteilbarkeit des Verstehens liegt das Thema der Hermeneutik«, wie Habermas selber richtig erkannt habe. Denn »der Anspruch der Hermeneutik ist und bleibt, in die Einheit sprachlicher Weltauslegung zu integrieren, was als unverständlich oder als nicht allgemein, sondern nur unter Eingeweihten ›verständlich‹ begegnet«.[78]

Mit Entschiedenheit wendet sich Gadamer gegen die Abwertung der Rhetorik, die von seinen Kritikern betrieben wird, und gegen die Einengung der Hermeneutik auf die bloße Interpretation von überlieferten Texten. Habermas' »Reduktion der Hermeneutik auf die ›kulturelle Überlieferung‹ und das Ideal der Sinntransparenz, das in diesem Bereich gelten soll«[79] weist Gadamer als »idealistisch verdünnt« zurück: »Daß Sinnverstehen weder auf die mens auctoris noch die mens actoris zu begrenzen ist, ist mein eigenster Punkt.« Hermeneutische Erfahrung ist vielmehr – wie Gadamer mit Nachdruck festhält – »ganz und gar in das allgemeine Wesen der menschlichen Praxis verwoben, in die das Verstehen von Geschriebenem zwar wesentlich, aber doch nur sekundärerweise eingeschlossen ist. Sie reicht so weit, wie die Gesprächsbereitschaft vernünftiger Wesen überhaupt reicht.«[80]

Während Gadamer in die Debatte Hermeneutik-Ideologiekritik verwickelt wurde, weil er sich veranlasst sah, auf die zum Teil auch »politisch« motivierte Kritik von Haber-

78 Ebd., S. 291.
79 Ebd., S. 313.
80 Ebd., S. 314.

mas zu reagieren, um die Grundprinzipien seiner philosophischen Hermeneutik zu erläutern und zu rechtfertigen, verhält es sich bei der Konfrontation mit Derridas Dekonstruktivismus anders. Gadamer hatte, wie er schrieb,[81] nach der Publikation von *Wahrheit und Methode* begonnen, sich »wieder in der Welt umzusehen«, und war dabei neben den Arbeiten des späteren Wittgenstein einerseits auf die hermetische Lyrik Paul Celans (1920–1970) und andererseits auf die frühen Arbeiten von Derrida gestoßen. Dabei handelte es sich um dessen Aufsatz *Ousia et Grammē* und die Bücher von 1967, also die Husserl-Kritik *La voix et le phénomène* (*Die Stimme und das Phänomen*, dt. 1979), *De la grammatologie* (*Grammatologie*, dt. 1974) und *L'écriture et la différence* (*Die Schrift und die Differenz*, dt. 1972).

Derrida, der ein umfangreiches, komplexes und schwieriges Werk vorgelegt hat und als eine Art »Grenzgänger« zwischen Philosophie und Literatur gilt, wurde in seinem Denken maßgeblich durch den Strukturalismus (Ferdinand de Saussure, 1857–1913), den »linguistic turn« in der Philosophie, vor allem aber durch Friedrich Nietzsche (1844–1900), Freud und Heidegger beeinflusst. Darüber hinaus wies er eine gewisse Nähe zu Elementen der jüdischen Mystik auf. Sein Programm war eine spezifische Praxis der Lektüre, seine ›Methode‹ die »Dekonstruktion«, die angeregt war durch Heideggers »Destruktion«, die dieser als Abbau der traditionellen metaphysischen Sprache auf die zugrunde liegenden ursprünglichen Erfahrungen verstand.[82]

81 GW 10, S. 149.
82 Vgl. Heidegger 1972, S. 22 f.

Derrida steht für die Kritik am »Logozentrismus«, d.h. einer vernunftbasierten oder -zentrierten Metaphysik, und für ein »Denken der Differenz«, das gegen das Identitätsdenken der Tradition der europäischen Philosophie gerichtet ist. Seine dekonstruktivistische Lektüre[83] ist radikal antihermeneutisch: Sie muss innerhalb des Textes verbleiben und versteht sich nicht mehr als eine kommentierende Reproduktion einer ursprünglichen Autorintention. Derridas Lektüre repräsentiert entsprechend auch nicht mehr den (einen) Textsinn, denn es gibt in seiner Theorie keinen Ort, von dem her sich das Sinnganze eines Textes in seiner Totalität erschließen ließe.[84] Nicht mehr die Autorintention und der Sinn eines Textes stehen im Mittelpunkt der dekonstruktivistischen Lektüre, sondern vielmehr die Rekonstruktion und Freilegung von Brüchen, Zweideutigkeiten, Widersprüchen und Verwerfungen, um Verborgenes, Vergessenes und Verdrängtes im Text zu erschließen. Auf diese Weise werde die Lektüre »subversiv«.[85] Es gibt, so Derrida, also nicht *den* Textsinn, der sich eindeutig fixieren lässt, sondern der Text ist vielmehr definiert durch eine Vieldeutigkeit, die zahlreiche Deutungsmöglichkeiten zulässt. Das Ziel von Derridas neuer Lektüre-Praxis, die jegliche Form von ›Aneignung‹ eines Sinns ablehnt, ist also nicht das Verstehen des einen Textsinns durch Verschmelzung der Horizonte, sondern das Hinterfragen und Herausarbeiten der Unterschiede und die Freilegung dessen, was sich jenseits der manifesten Inhalte im Text findet.

83 Vgl. Derrida 1974, S. 273 ff.
84 Vgl. Lüdemann 2017, S. 77 ff.
85 Derrida 1974, S. 45.

Das Aufeinandertreffen der Hauptvertreter von Hermeneutik und Dekonstruktion, das von beiden Seiten offenbar gewollt war, barg also aufgrund der großen Differenzen der jeweiligen Voraussetzungen und Grundlagen das Risiko, grundsätzlich zu scheitern. Die erste Begegnung fand »auf Drängen« ungenannt bleibender »Freunde« vom 25. bis 27. April 1981 in Paris statt, eine zweite Diskussion über die philosophische und politische Tragweite von Heideggers Denken als Treffen am 5. und 6. Februar 1988 in Heidelberg unter der Beteiligung von Philippe Lacoue-Labarthe (1940–2007) statt. Am 28. Februar 1994 schloss sich ein weiteres Treffen auf der Insel Capri an, diesmal unter der Beteiligung von Gianni Vattimo zum Thema Religion bzw. Glauben und Wissen. Daneben gab es nach Aussage von Derrida[86] während der 1990er Jahre weitere, informelle Treffen in Paris und in Italien, die jedoch nicht dokumentiert wurden.

Gadamer, der sich über Jahre hinweg intensiv mit Derridas Schriften beschäftigt hatte, erhoffte sich von der spektakulären ersten Begegnung in Paris wohl eine gewisse Verständigung über gemeinsame Grundlagen von Hermeneutik und Dekonstruktion, setzte sich doch Derrida mit Texten auseinander und betrieb auch eine Art von Hermeneutik. Darüber hinaus sahen sich beide durch den gemeinsamen Ausgangs- und beständigen Bezugspunkt Heidegger miteinander verbunden.

Betrachtet man die edierten Dokumente dieser Begegnungen, so stellt sich zumindest für den unbeteiligten Be-

86 Vgl. Jacques Derrida, »Wie recht er hatte! Mein Cicerone Hans-Georg Gadamer«, in: Derrida/Gadamer/Lacoue-Labarthe 2016, S. 135 f.

obachter der Eindruck ein, dass ein wirklicher Dialog zumindest öffentlich nicht stattgefunden hat. Während die Heidelberger Diskussion und das Seminar auf Capri für die Konfrontation von Hermeneutik und Dekonstruktion schon aufgrund der Themenstellungen unergiebig waren, brachte auch die erste öffentliche Begegnung der beiden wohl wichtigsten Vertreter der kontinentalen Philosophie keine Verständigung, nicht einmal über die Grundlage ihrer Divergenzen.[87]

Gadamer eröffnete die Aussprache ihrer ersten Begegnung mit einem ausführlichen Referat zum Thema *Text und Interpretation*, in dem er sich nicht explizit mit Derridas Dekonstruktion auseinandersetzte, sondern neben der Erläuterung einiger Grundbegriffe seiner Hermeneutik auch sein Verständnis von Verstehen, Interpretation und Interpret entwickelte und die Aufgabe der Interpretation bestimmte. Zusätzlich präsentierte Gadamer eine Art Phänomenologie oder Typologie des Textes.

Auf Gadamers Referat antwortete Derrida mit einem kurzen Statement, in dem er ohne weiteren Bezug auf Gadamers philosophische Hermeneutik mit drei Fragen ein Nebenthema Gadamers thematisierte, und zwar den »guten Willen« als Bedingung von Verständigung, den Gadamer gleichsam im Vorbeigehen erwähnt hatte. Derrida missverstand Gadamers Intention und interpretierte dessen Rede vom »guten Willen« als Ausfluss einer überlebten Metaphysik des Willens.

Auch Derridas zweite Entgegnung auf Gadamers großes

87 Vgl. *Text und Interpretation. Deutsch-französische Debatte*, hrsg. von Forget 1984.

Eröffnungsreferat blieb enttäuschend, da er sich wiederum nicht mit Gadamers Entwurf einer philosophischen Hermeneutik auseinandersetzte, sondern vielmehr Heideggers Nietzsche-Lektüre kritisierte.

Eine direkte Konfrontation zwischen den Lektüreansätzen von Hermeneutik und Dekonstruktion fand daher nicht statt; Verständigung über Sachfragen und Missverständnisse beherrschten die Debatte.

Dieses »Ergebnis« kann allerdings nicht überraschen, wenn man sich die jeweiligen Voraussetzungen der beiden Ansätze vergegenwärtigt. Mit Gadamers gleichsam harmonischer Sinnerschließung, seinen Theoremen der Horizontverschmelzung, des Einrückens in die Überlieferung, der Unterordnung unter die Wahrheit des Textes, war mit Derridas Dekonstruktion kein Einvernehmen zu erzielen. Zwar verstand Derrida wie Heidegger Dekonstruktion nicht als Zerstörung, sondern als Abbau verdeckter und unterdrückter begrifflicher Schichten, doch bleibt im Kern Derridas Ansatz eine Anti-Hermeneutik, der es nicht um Sinnerschließung und Sinnaneignung geht, sondern vielmehr um eine Textlektüre »gegen den Strich«, um verdeckte oder unterdrückte »Bedeutungen« freizulegen und wieder neu zusammenzusetzen, eben einen Text zu dekonstruieren. Bei Derrida findet sich der Verdacht, in der hermeneutischen Praxis der Textlektüre komme ein Wille zur Macht, ein Wille zur Bemächtigung zum Ausdruck, der die Differenz, die Alterität, das Andere vernachlässigt und vereinheitlicht. Derridas Praxis der Textlektüre unterstellt nicht wie Gadamer ein einheitliches Sinngeschehen, eine freizulegende Bedeutung, sondern seine Arbeit am Text ist vielmehr geprägt durch die Beachtung von Brüchen und Divergenzen.

Alterswerk und Ehrungen

1985 wurde der erste Band der umfangreichen Ausgabe der *Gesammelten Werke* veröffentlicht, und am 11. Februar 1995 erschien rechtzeitig zum 95. Geburtstag der 10. und letzte Band dieser Edition, dem im Jahr 2000 noch der Ergänzungsband *Hermeneutische Entwürfe* folgte. Am 13. März 2002 starb Hans-Georg Gadamer hochbetagt in Heidelberg.

Nach der Veröffentlichung von *Wahrheit und Methode* entfaltete Gadamer eine außerordentliche, Staunen erregende Produktivität. Er schien wie befreit von einer großen Last. Neben seinen zahlreichen Vorträgen – Gadamer war ein Mann des gesprochenen Worts, Katheder und Mikrofon waren für ihn gleichsam Lebenselixiere – und den vielen Aufsätzen und Abhandlungen, die oft aus Vorträgen hervorgingen, sowie Wörterbuchartikeln und vielen Rezensionen hat er in den nahezu acht Jahrzehnten seines wissenschaftlichen Lebens diverse Bücher veröffentlicht. Er publizierte, gab Interviews und hielt Vorträge bis ins höchste Alter – den letzten öffentlichen Vortrag *Schmerz. Einschätzungen aus medizinischer, philosophischer und therapeutischer Sicht* hielt der Hundertjährige am 11. November 2000.

Gadamer wurden zahlreiche Ehrungen zuteil: Am 27. Mai 1951 erfolgte die Aufnahme in die Heidelberger Akademie der Wissenschaften, deren Präsident er von 1968 bis 1972 war. Von 1962 bis 1968 war er Präsident der Allgemeinen Gesellschaft für Philosophie in Deutschland. 1971 wurden ihm vom Bundespräsidenten der Orden Pour le mérite für Wissenschaften und Künste und der Reuchlin-Preis der Stadt Pforzheim verliehen. 1979 folgte der Sigmund-Freud-

Preis für wissenschaftliche Prosa sowie der Hegel-Preis der Stadt Stuttgart. Die Laudatio mit dem vielzitieren Titel *Urbanisierung der Heideggerschen Provinz* hielt Jürgen Habermas.[88] Es folgten weitere Preise und Auszeichnungen, schließlich fand er 1997 ehrenvolle Aufnahme in die angesehene *Library of Living Philosophers.*[89]

Gadamers wissenschaftliche Biographie ist zu großen Teilen einerseits durch die Beschäftigung mit den platonischen Dialogen bestimmt, so dass er sagen konnte, er sei lebenslanger Schüler Platons gewesen,[90] und andererseits und nicht zuletzt durch seine Begegnung mit Heideggers Denken. Trotz dieser bis ins hohe Alter bezeugten Dankbarkeit Heidegger gegenüber war sein Verhältnis zu ihm durchaus ambivalent: Er wahrte eine gewisse Distanz zu Heidegger als Person, bewunderte ihn aber uneingeschränkt – anders als etwa Krüger und Löwith – als Denker.[91]

Zu dieser immer wieder selbst bekannten Abhängigkeit von Heideggers Philosophie gab es aber durchaus wichtige Divergenzen: So stand der bürgerlich-liberale Gadamer eindeutig in – wenn auch nicht öffentlichkeitswirksam bekundeter – Opposition zu Heideggers radikalem politischen Engagement Anfang der 1930er Jahre für die Nationalsozialisten, das sich etwa in seiner Rektoratsrede »Die Selbstbehauptung der deutschen Universität« vom 1. Mai 1933 spiegelt: In dieser führt er die Dreiteilung »Arbeits-, Wehr- und Wissensdienst« ein und dient sich damit als Quasi-Priester der neuen Bewegung an. In der Rede führt

88 Gadamer/Habermas 1979.
89 Hahn 1997.
90 Vgl. GW 2, S. 506.
91 Vgl. Henrich 2021, S. 93.

Heidegger weiter aus, es genüge »nicht allein, die Neuordnung zu begrüssen, es gilt das Entweder-Oder, sich zu entscheiden, sich unter die Befehlskraft der neuen Wirklichkeit zu stellen oder mit einer versinkenden Welt unterzusinken«. Zu nennen sind in diesem Zusammenhang auch die nach 2014, also lange nach Gadamers Tod, veröffentlichten Denktagebücher bzw. »Schwarzen Hefte« Heideggers mit deutlich antisemitischen Positionierungen.

Auch folgte Gadamer seinem Lehrer nicht auf dessen Wegen der oft (pseudo-)etymologischen und halbpoetischen Erkundungen, die dieser seit seiner »Kehre« beschritt. So schrieb er in dem späten Aufsatz *Hermeneutik und ontologische Differenz* (1989), er habe »Heideggers Sprachgewaltsamkeiten wie seinen gewaltsamen Interpretationen oft nicht folgen können und mich bemüht, den hermeneutischen Anstoß, den ich von Heidegger erhalten hatte, gleichwohl weiter zu entwickeln.«[92]

In einem Gespräch mit seinem kanadischen Schüler Jean Grondin beschrieb er sein Verhältnis zu Heidegger:

> Zunächst: Heidegger kann man gar nicht aus meinem Werden wegdenken. [...] Ich war ein Bewunderer von Heidegger [...]. Was ich Heidegger verdanke, war, daß er mich nötigte, klassische Philologie zu studieren und dadurch eine etwas besser disziplinierte Befolgung seiner eigenen Tendenz lernte, nämlich aus der Sprache zu zeigen, was eigentlich die Herkunft von Begriffen ist. [...] Ich bewunderte seine Denkphantasie und Denkkraft. Bei allem, was man an Heidegger kritisieren kann, muß

92 GW 10, S. 69.

man bedenken: Wer so kraftvoll denken kann, vermag möglicher Selbstkritik blitzschnell auszuweichen. Er folgte seiner Vision.[93]

Erst nach dem Erscheinen seines Hauptwerks *Wahrheit und Methode* gelang es Gadamer allmählich, wenn auch nie vollständig, aus Heideggers übermächtigem Schatten herauszutreten.

2. Gadamers philosophisches Werk – zwischen griechischer Philosophie und Hermeneutik

Im Mittelpunkt von Gadamers philosophischem Werk stehen einerseits sein Entwurf einer philosophischen Hermeneutik, dem die Bände 1 und 2 seiner *Gesammelten Werke* gewidmet sind, und andererseits seine Arbeiten zur griechischen Philosophie, die in den Bänden 5–7 versammelt wurden und in denen vor allem die Auseinandersetzung mit der platonischen Philosophie im Zentrum steht. Wie Gadamer in seiner *Selbstdarstellung* von 1975 schreibt, blieben auch nach seiner 1968 erfolgten Emeritierung »Hermeneutik und griechische Philosophie [...] die beiden Schwerpunkte meiner Arbeit«.[94]

Daneben hat sich Gadamer aber auch intensiv mit ästhetischen Fragen und der Interpretation von literarischen Werken, insbesondere von Gedichten, befasst, wie die

93 Gadamer, *Dialogischer Rückblick auf das Gesammelte Werk und dessen Wirkungsgeschichte* (1996), in: Grondin 1997, S. 280–295, hier: S. 293 f.

94 GW 2, S. 494.

Sammlung seiner entsprechenden Arbeiten in den Bänden 8 und 9 der *Gesammelten Werke* eindrucksvoll belegt. Dazu gehören Interpretationen von Gedichten Goethes, Hölderlins, Georges, Rilkes und Celans. Einige dieser Interpretationen großer Lyrik erschienen auch in Einzelbänden: am bekanntesten ist zweifellos sein Celan-Buch *Wer bin ich und wer bist Du? Ein Kommentar zu Paul Celans Gedichtfolge ›Atemkristall‹* von 1973.

Außerdem hat sich Gadamer in Einzelstudien immer wieder mit den Philosophien von Hegel, Husserl und Heidegger – neben Platon seinen wichtigsten philosophischen Gesprächspartnern – beschäftigt, die zusammengefasst wurden im Band 3 der *Gesammelten Werke.*

Gadamers Arbeiten zur griechischen Philosophie verfasste er in einem Zeitraum von mehr als sieben Jahrzehnten. Am Anfang seiner Beschäftigung mit dem griechischen Denken steht seine bei Natorp erarbeitete, jedoch nie veröffentlichte, Dissertation über Platon mit dem Titel *Das Wesen der Lust nach den platonischen Dialogen* (1922). An diese Untersuchung schließt sich seine von Heidegger betreute Habilitationsschrift *Interpretation des platonischen Philebos* (1929) an, die unter dem Titel *Platos dialektische Ethik. Phänomenologische Interpretationen zum »Philebos«* publiziert wurde.[95] Es folgen weitere, umfangreiche Abhandlungen, Vorträge und Rezensionen sowie kommentierende Editionen.

Nicht realisiert hat Gadamer eine großangelegte kommentierte Übersetzung der *Physik* des Aristoteles[96] und

95 1931; 2., erw. Aufl. unter dem Titel: *Platos dialektische Ethik und andere Studien zur* platonischen *Philosophie* 1968.

96 Vgl. GW 2, S. 487.

ein spätes Platon-Buch. Aus politischen Gründen abgebrochen wurde in den 1930er Jahren eine größere Studie »über die sophistische und platonische Staatslehre«,[97] wie im Übrigen auch eine umfangreiche Arbeit »über die Französische Revolution und ihre Wirkungen auf die deutsche Kultur«.[98] Gadamers hermeneutisches Hauptwerk ist *Wahrheit und Methode. Grundzüge einer philosophischen Hermeneutik*, das 1960 erschien und vier Auflagen erlebte, bevor es 1983 durchgesehen als Band 1 unter dem Titel *Hermeneutik I. Wahrheit und Methode. Grundzüge einer philosophischen Hermeneutik* die Reihe der *Gesammelten Werke* eröffnete.[99]

Übersetzt wurde sein Hauptwerk ins Italienische, Englische, Französische, Spanische, Serbokroatische, Japanische, Ungarische, Rumänische, Chinesische, Polnische und Portugiesische.

3. Zur Entstehungsgeschichte von *Wahrheit und Methode*

Wahrheit und Methode, mit dem Gadamer Anerkennung und weltweite Aufmerksamkeit erlangte, ist sein Opus

97 GW 2, S. 489.

98 GW 9, S. 41.

99 Vorstufen, Ergänzungen und Weiterentwicklungen seiner hermeneutischen Philosophie versammelt Bd. 2 der *Gesammelten Werke* unter dem Titel *Hermeneutik II. Wahrheit und* Methode. *Ergänzungen, Register* (1986), weitere Nachträge finden sich im Bd. 10: *Hermeneutik im Rückblick* (1995) und im Ergänzungsband *Hermeneutische Entwürfe. Vorträge und Aufsätze* (2000).

magnum. Mit diesem Buch trägt Gadamer maßgeblich zur Popularisierung des Begriffs Hermeneutik bei, ja, man konnte zeitweise dem Eindruck erliegen, dass Hermeneutik mit Gadamers Konzeption gleichsam identifiziert wurde, und das, obwohl die Hermeneutik als Kunst(lehre) des Auslegens, Interpretierens und Dolmetschens auf eine lange wissenschaftsgeschichtliche Karriere zurückblicken kann. Wichtige Stationen dieser Karriere sind nach der frühprotestantischen Hermeneutik (Matthias Flacius, genannt Illyricus), die Hermeneutik der Aufklärung (u. a. Johann Conrad Dannhauer, Johann Martin Chladenius und Georg Friedrich Meier) und die Hermeneutik des 19. Jahrhunderts (von Friedrich Ast, Friedrich Schleiermacher, Johann Gustav Droysen, August Boeckh, Heymann Steinthal bis zu Wilhelm Dilthey).

Trotz dieser Kontinuität über Jahrhunderte, war der Begriff selbst über die Fachgrenzen der Theologie, Jurisprudenz und Literaturwissenschaft hinaus eher wenig bekannt. So musste Dilthey 1860 seinem Vater – immerhin einem Theologen – brieflich erklären, was überhaupt diese Hermeneutik sei, der er sich für eine Preisaufgabe der Schleiermacher-Stiftung widmete.[100] Dilthey schrieb:

> Es handelt sich also um die Theorie des Verstehens von Schriftwerken (nicht bloß der Bibel): eine Wissenschaft, die früher einen breiten Raum, besonders in Bezug auf die Bibel einnahm: durch Schl[eier]m[acher] dann als

100 Dilthey 2011, S. 101, Anm. 3. – Vgl. Dilthey 1966, GS XIV, 2. Halbbd., S. 595–787.

allgemeine philosophische Wissenschaft constituirt worden ist.[101]

Ein Jahrhundert nach dieser bemerkenswerten Verständnishilfe für Diltheys Vater monierte Gadamers Verleger, Hans Georg Siebeck (1911–1990), den von Gadamer für sein Buch vorgeschlagenen Titel *Philosophische Hermeneutik* mit dem Hinweis, dass dieser Begriff zu unbekannt sei.[102] Daraufhin überlegte Gadamer, als neuen Titel *Verstehen und Geschehen* vorzuschlagen,[103] der aber dann zugunsten von *Wahrheit und Methode* verworfen wurde, für einen Titel, der ihm erst »während des Druckes«[104] eingefallen war. Der Verlag akzeptierte. Auf den Rat des Verlegers hin wurde der Begriff »Hermeneutik« zumindest in den Untertitel aufgenommen: »Grundzüge einer philosophischen Hermeneutik«.[105]

Der erste, 1964 erschienene Band der vierbändigen Ausgabe der *Kleinen Schriften* Gadamers sollte dann allerdings (wiederum auf Rat des Verlegers) die beiden Begriffe »Philosophie« und »Hermeneutik«, gleichgewichtet in jeweils einer eigenen Zeile bringen.[106] Und nur ein Jahrzehnt später war »Hermeneutik« zum Modewort geworden, um nicht zu sagen: zum Modewort verkommen.

Der prägnante Titel *Wahrheit und Methode*, der wohl nicht zuletzt zum weltweiten Erfolg des Werks beigetragen

101 Dilthey 2011, S. 131.
102 Vgl. GW 2, S. 493.
103 Vgl. GW 10, S. 75, und GW 2, S. 438.
104 GW 2, S. 493.
105 Gadamer, *Philosophische Lehrjahre*, S. 182.
106 Ebd.

hat, sollte signalisieren, dass es eine Wahrheit außerhalb oder unabhängig von den methodischen Anstrengungen der Wissenschaft gibt. Doch war damit nicht beabsichtigt, die »Methodenstrenge der modernen Wissenschaft«[107] zu verkennen. Wie Gadamer selbst bemerkt, gliederte sich sein Buch allerdings »einer philosophischen Bewegung unseres Jahrhunderts ein, die die einseitige Orientierung am Faktum der Wissenschaft überwand«.[108] Das Buch, das Gadamer als eine »Bilanz traditionsgeschichtlichen Denkens« bezeichnete,[109] kann man mit Recht als ein sehr deutsches, geradezu altmodisches philosophisches Werk bezeichnen: Es ist von beträchtlichem Umfang, und seine systematische Argumentation fußt auf zum Teil sehr ausführlichen philosophiehistorischen Exkursen sowie begriffs- und theoriegeschichtlichen Analysen. Insgesamt steht die Zielrichtung der Untersuchung quer zum Selbstverständnis moderner Wissenschaft. Die Entwicklung des leitenden Gedankens scheut keine Umständlichkeit und scheinbaren Umwege, und die unzeitgemäße, manchmal geradezu altertümlich wirkende Sprache, in der das Buch verfasst ist, hebt sich ab von dem zu Beginn der 1960er Jahre verbreiteten Wissenschaftsjargon. *Wahrheit und Methode* steht »methodisch auf phänomenologischem Boden«,[110] und die Problemstellung des Buches entstammt neben der Philosophie vornehmlich »der humanistischen Tradition der romantischen Geisteswissenschaften«,[111] d. h. der Geschichte, der Theo-

107 GW 2, S. 449.
108 Ebd., S. 450.
109 Ebd., S. 449.
110 Ebd., S. 446.
111 Ebd., S. 449.

logie und der Jurisprudenz, vor allem aber der Klassischen Philologie in ihrer im 19. Jahrhundert geprägten Gestalt.

Trotz teilweise heftiger Kritik erfuhr *Wahrheit und Methode* aber eine überwiegend positive Aufnahme. Vorgeworfen wurde Gadamer, seine Darstellungen bzw. Kritiken von Schleiermacher und Dilthey verkürzten die Gedankengänge bzw. seien zu einseitig, und seine Rehabilitierung von Tradition, Autorität und Vorurteil sei zu distanzlos und daher zu unkritisch. Weitere kritisierte Punkte waren seine Betonung der Zugehörigkeit zur Überlieferung und seine Interpretation des Verstehens als Geschehen, sein Verzicht auf Kriterien richtigen bzw. angemessenen Verstehens, sein vager (»existenzialistischer«) Wahrheitsbegriff, sein Verzicht darauf, sich darum zu bemühen, die jeweilige Autorintention zu verstehen, die Unbestimmtheit und fehlende Präzision leitender Begriffe und Argumentationen sowie die als von einigen Kritikern subjektivistisch wahrgenommene Gesamtausrichtung seiner Hermeneutik.

Die kritischen Stimmen stammten nicht nur von Vertretern der von Gadamer kritisierten klassischen oder traditionellen, d. h. methodischen Hermeneutik, wie Emilio Betti, Eric Donald Hirsch, Hans Krämer, Frithjof Rodi und Gunter Scholtz, sondern auch von Ideologiekritikern wie Jürgen Habermas, kritischen Rationalisten wie Hans Albert und Phänomenologen wie Bernhard Waldenfels.

Den ausschlaggebenden Anstoß zur Entwicklung seiner philosophischen Hermeneutik hatte Gadamer durch Heidegger erhalten. Er hat immer wieder bezeugt, dass er insbesondere den »radikalen Fragen Martin Heideggers« Entscheidendes verdankte und sein eigenes Bemühen darin sah, Heideggers fundamentale Anregungen produktiv weiterzuführen.[112] Gadamer hat in einer aufschlussreichen Passage seines Aufsatzes *Zwischen Phänomenologie und Dialektik. Versuch einer Selbstkritik* (1985) aber auch nachdrücklich darauf hingewiesen, dass er mit seiner philosophischen Hermeneutik nicht nur dem Umfeld des »frühen Heidegger« verbunden und verpflichtet blieb, wie es sein Begriff des »wirkungsgeschichtlichen Bewusstseins« nahelegt:

> Daß ich überhaupt den Begriff des Bewußtseins wiederverwende, dessen ontologische Voreingenommenheit Heidegger in »Sein und Zeit« so klar aufgezeigt hatte, bedeutet von mir aus nur eine Anpassung an einen mir natürlich scheinenden Sprachgebrauch. Das erweckte freilich den Anschein, der Fragestellung des frühen Heidegger ganz verhaftet geblieben zu sein, die vom Dasein ausgeht, dem es um sein Sein geht und das durch Seinsverständnis ausgezeichnet ist. Der spätere Heidegger trachtete die transzendentalphilosophische Selbstauffassung von »Sein und Zeit« ausdrücklich zu überwinden. Mein eigenes Motiv, den Begriff des wirkungsgeschichtlichen Bewußtseins einzuführen, lag aber gerade darin, zum späten Heidegger den Weg zu bahnen.[113]

Gadamer unterstreicht die Wichtigkeit einer »Hermeneutik der Faktizität«[114] und den dadurch ins Spiel gebrachten neuen Begriff vom Verstehen des frühen Heidegger. Er

112 GW 2, S. 450.
113 Ebd., S. 10.
114 Vgl. u. a. GW 2, S. 103, 331 f., 428 und 495; GW 10, S. 61 ff. und 365.

blendet jedoch dagegen Heideggers eigentliches philosophisches Leitthema, die »Seinsfrage«, so gut wie vollständig aus. Ebenso wenig fanden die durch Heideggers »Sprachnot« ausgelösten Versuche Eingang, eine für das Seinsdenken nach der »Kehre« angemessenere Sprache zu entwickeln. So bildeten für Gadamer die entscheidenden Anstöße und Leitlinien vor allem Heideggers Daseinsanalyse, seine Kritik sowohl am Historismus als auch am Subjektivismus der neuzeitlichen Philosophie. Etwas verkürzt und überspitzt könnte man daher sagen, dass Gadamers hermeneutische Philosophie die Überführung oder Transformation der hermeneutischen Potenz und Dimension von Heideggers Fundamentalontologie in die philosophische Reflexion jetzt auf die Bedingungen von philologisch-historischem Textverstehen zum Ziel hat.

Wie Gadamer in seinen Erinnerungen berichtet, bildete den Stein des Anstoßes zur Arbeit an seinem Hauptwerk der Entschluss, seine seit den 1930er Jahren mit einer gewissen Kontinuität gehaltenen Vorlesungen über *Kunst und Geschichte (Einleitung in die Geisteswissenschaften)*, die er »immer mehr ins Grundsätzliche zu vertiefen suchte«, zu einem Buch auszuarbeiten.[115] In seiner *Selbstdarstellung* von 1975 führt er dazu aus:

> Daß ich überhaupt, bei meinem passionierten Engagement als Lehrer, zu der Abfassung eines größeren Buches kam, verdankte ich dem natürlichen Bedürfnis, darüber nachzudenken, wie sich all die verschiedenen Wege des Philosophierens, denen man im Unterricht zu folgen

115 Gadamer, *Philosophische Lehrjahre*, , S. 171.

hatte, von der philosophischen Situation der Gegenwart aus zu wirklicher Aktualität erheben ließen. […] Tatsächlich ist die Entstehung meiner »hermeneutischen Philosophie« im Grunde nichts anderes als der Versuch, über den Stil meiner Studien und meines Unterrichts theoretisch Rechenschaft zu geben.[116]

Diese Vorlesungen über *Kunst und Geschichte* wurden damit letztlich zur Keimzelle von *Wahrheit und Methode*. Erstmals hielt Gadamer dieses Kolleg, für das er als Untertitel den berühmten von Wilhelm Dilthey und Erich Rothacker verwendeten Buchtitel wählte, in Marburg im Sommersemester 1936 und wiederholte es in Leipzig im Sommersemester 1939, in den Wintersemestern 1941/42 und 1944/45, in Frankfurt am Main im Wintersemester 1948/49 sowie in Heidelberg im Sommersemester 1951. Die im Sommersemester 1955 unter dem Titel *Einleitung in die Geisteswissenschaften* gehaltene Heidelberger Vorlesung dürfte wohl auch zum Fundus des auszuarbeitenden Buches gehört haben. Fast ein volles Jahrzehnt arbeitet Gadamer, der sich in dieser Zeit nicht zuletzt auf Druck seiner energischen zweiten Ehefrau Käte Lekebusch-Gadamer fast vollständig aus der akademischen Öffentlichkeit, der Universitätspolitik und der universitären Verwaltungsarbeit zurückgezogen hatte,[117] in den Sommerferien an seinem Buch:

Die Zusammenfassung meiner Studien zur philosophischen Hermeneutik, die schließlich unter dem Haupt-

116 GW 2, S. 492.
117 Vgl. Gadamer, *Philosophische Lehrjahre*, S. 171.

titel »Wahrheit und Methode« im Jahre 1959 zustande kam, beendete einen langsamen, oft unterbrochenen Wachstumsprozeß. Studien zur Ästhetik, zur Geschichte der Hermeneutik und zur Philosophie der Geschichte in der Nachfolge Diltheys, Husserls und Heideggers vereinigten sich am Ende zu einer philosophischen Rechenschaftsgabe, die keine einseitige Konstruktion sein wollte, sondern auf breiten Feldern hermeneutischer Erfahrung ihre Ausweitung hatte.[118]

Die konkrete Anregung zur Wahl des Untertitels »Grundlinien einer philosophischen Hermeneutik« von Gadamers Hauptwerk geht vermutlich auch auf Bultmanns Aufsatz *Das Problem der Hermeneutik* (1950) zurück, in dem Grundzüge einer antihistoristischen Hermeneutik entwickelt wurden.[119] Bultmann hielt diesen Vortrag auf der theologischen Arbeitstagung »Alter Marburger« vom 10. bis 14. Oktober 1949 in Herborn, auf der Gadamer zum Thema *Mythos und Geschichte* vortrug.

Die Ausarbeitung des Buches gestaltete sich für Gadamer, der als Platoniker den direkten Austausch im Gespräch der einsamen Textarbeit vorzog, zu einer mühe- und qualvollen Arbeit. In vielen Vorträgen und Aufsätzen probierte er Teilaspekte aus. Eine »Urfassung« wurde Mitte der 1950er Jahre fertiggestellt, deren Anfang erst 1992/93 im *Dilthey-Jahrbuch für Philosophie und Geschichte der Geisteswissenschaften* veröffentlicht wurde.[120]

118 Ebd., S. 181.

119 Bultmann 1993, Bd. 2, S. 211–235. – Vgl. Grondin 1999, S. 315 f.

120 Gadamer, *Wahrheit und Methode. Der Anfang der Urfassung (ca. 1956).* – Zur »Urfassung« vgl. Grondin 1994, S. 4–20.

Ein wichtiger Anstoß zur abschließenden Gestaltung des Werks bildeten die vom 19. bis zum 30. November 1957 an der Universität Louvain/Löwen (Belgien) in französischer Sprache gehaltenen Cardinal-Mercier-Vorträge *Le Problème de la Conscience Historique* (*Das Problem des historischen Bewußtseins*).[121]

Gadamer schloss seine Arbeit an der endgültigen Fassung von *Wahrheit und Methode* im Wintersemester 1958/59 ab. Der in der Heidegger-Festschrift von 1959 veröffentlichte Aufsatz *Vom Zirkel des Verstehens* bildet eine komprimierte Zusammenfassung wesentlicher Komponenten von Gadamers philosophischer Hermeneutik und damit von *Wahrheit und Methode.*

Kurz: Das Buch, obwohl im ersten Jahrzehnt seiner Heidelberger Wirksamkeit entstanden, kann also durchaus auch als ein spätes Produkt der »Marburger Konstellation« verstanden werden.

121 Diese wurden überarbeitet und 1963 auf Französisch veröffentlicht (Neuausg.: Paris 1996) und erschienen 1975 in englischer Übersetzung in den USA. Sie basierten auf der »Urfassung« von 1955/56. Die deutsche Fassung *Das Problem des historischen Bewußtseins* (aus dem Franz. rückübersetzt von Tobias Nikolaus Klass) erschien in Tübingen 2001.

4. Gadamers Aufsatz *Vom Zirkel des Verstehens*

4.1 Problemstellung und Überlieferungsgeschichte des Textes

Die Hermeneutik ist ihrem klassischen Verständnis nach zum einen »die Kunst, Sinnhaftes zu verstehen«,[122] und zum anderen eine Theorie bzw. die (Kunst-)Lehre des Verstehens, die konkrete Regeln für die Interpretation formuliert.

Philosophische Hermeneutik im Sinne Gadamers ist dagegen die philosophische Reflexion auf die Bedingungen, Formen, Regeln und Methoden des Verstehens. Grundthema seiner philosophischen Hermeneutik ist die Analyse des Verstehens als einer Begegnung mit einem philosophischen oder literarischen »eminenten«, d.h. besonders wichtigen bzw. herausragenden Text der Tradition.[123] Es geht dabei insbesondere um die Beantwortung der folgenden Fragen:

- Welche Voraussetzungen hat das Verstehen bedeutender Schriftwerke der Überlieferung?
- Und was geschieht mit uns, wenn wir verstehen?

Den kurzen Aufsatz *Vom Zirkel des Verstehens* kann man als geraffte Vorstellung zentraler systematischer Partien von *Wahrheit und Methode* lesen.[124] Der Titel des Textes be-

122 GW 10, S. 365.

123 Zu Gadamers Begriff des »eminenten Textes« vgl. v.a. GW 2, S. 330–360, bes. S. 348 und 350 ff.; GW 2, S. 475 f. und 508, und GW 8, S. 145 und 286 ff.

124 Gadamers *Vom Zirkel des Verstehens* wurde erstmalig 1959 in

zeichnet somit ein Grundphänomen jeglicher Hermeneutik, denn jede Interpretation sieht sich vor die Aufgabe gestellt, den Sinn eines Textes, z. B. eines Gedichtes, in einem zirkulären oder spiralförmigen Vorgang zu erschließen. Das bedeutet konkret, dass das Ganze eines Textes nur durch Rückgang auf die einzelnen Wörter und der Sinn dieser Wörter wiederum nur durch den Rekurs auf das Ganze des Textes verstanden werden kann. Diese zirkuläre Erschließung des Ganzen eines Textes durch Rückgriff auf seine Einzelheiten und umgekehrt wurde von den Hermeneutikern des 19. und beginnenden 20. Jahrhunderts von Ast bis Dilthey als ›Zirkel‹ bzw. genauer als ›hermeneutischer Zirkel‹ gefasst.

In seinem Aufsatz macht Gadamer eine bestimmte Zielrichtung deutlich, die auch für *Wahrheit und Methode* bestimmend sein wird: Sein Versuch einer Grundlegung der Hermeneutik findet seinen Ausgangspunkt im hermeneutischen Zirkel,[125] der damit von einer wesentlichen Komponente des Interpretationsprozesses von Texten zu einem zentralen Element der hermeneutischen Philosophie avanciert. Entscheidend geprägt ist die intendierte Grundlegung durch eine vehemente Kritik an der sogenannten romantischen Hermeneutik Schleiermachers und

der Festschrift *Martin Heidegger zum siebzigsten Geburtstag* (S. 24–35) publiziert, die der Verleger Günther Neske herausgegeben hatte. Die endgültige, kaum veränderte, Fassung erschien in Band 2 von Gadamers *Gesammelten Werken* (S. 57–65). Das Thema des hermeneutischen Zirkels wird von Gadamer ebenfalls angesprochen in GW 1, S. 179, 194, 270 ff., 296–299 und GW 2, S. 34, 57 ff., 224 f., 331, 335, 357 f., 406.

125 Vgl. GW 2, S. 445.

der methodischen Hermeneutik Diltheys sowie am objektivistischen Historismus, und zwar unter Bezugnahme auf Heideggers Analyse des hermeneutischen Zirkels in *Sein und Zeit*.

Zum ersten Wiederabdruck des Aufsatzes im vierten Band seiner 1977 erschienenen *Kleinen Schriften* bemerkt Gadamer, dieser Aufsatz fuße »auf den Ergebnissen meiner in ›Wahrheit und Methode‹ vorgelegten Überlegungen und stellt insofern mehr eine Kurzfassung dort zu findender Gedanken dar als einen originären Beitrag.«[126] Der Aufsatz wurde schließlich in Teilen in das Hauptwerk *Wahrheit und Methode* übernommen.[127]

4.2 Theoriegeschichte des »hermeneutischen Zirkels« von Friedrich Ast bis Martin Heidegger

Friedrich Ast

Theorie- und begriffsgeschichtlich gesehen, erscheint der Begriff des (hermeneutischen) »Zirkels« explizit offenbar erstmals bei Friedrich Ast (1778–1841). Der Sache nach begegnete das Problem des hermeneutischen Zirkels, wie Gadamer anmerkt,[128] schon in der antiken Rhetorik und auch, wie Dilthey gezeigt hat, bei Flacius Illyricus.[129]

Ast, ein deutscher Klassischer Philologe und Philosoph,

126 Gadamer, *Kleine Schriften* IV, S. 54.
127 Vgl. GW 1, S. 270–276.
128 Vgl. GW 2, S. 57.
129 Vgl. Wilhelm Dilthey, »Das natürliche System der Geisteswissenschaften im 17. Jahrhundert«, in: Dilthey 1914, S. 120 ff.

trat insbesondere als Platon-Forscher hervor. Der Schelling-Schüler lehrte seit 1805 Philologie an der Universität Landshut und ab 1826 an der Universität München. Sein hermeneutisches Hauptwerk *Grundlinien der Grammatik, Hermeneutik und Kritik* machte ihn zu einem der wichtigsten Vertreter der romantischen Hermeneutik. Das Thema seiner Schrift, in der er die Voraussetzungen der Erkenntnis der Werke der »alten Schriftsteller«[130] und des Geistes des Altertums erörtert, sind die Bedingungen der Möglichkeit philologischer Hermeneutik, deren vordringliche Aufgabe das Verständnis der antiken Autoren und der schriftlichen Werke des Altertums ist.

Sein hermeneutischer Ansatz baut auf einer Geist-Metaphysik auf,[131] denn nach Ast ist die Möglichkeit des Verstehens eines anderen oder einer fremden Welt »schlechthin unmöglich ohne die ursprüngliche Einheit und Gleichheit alles Geistigen und ohne die ursprüngliche Einheit aller Dinge im Geiste«.[132] Jede hermeneutische Erschließung eines in fremder Sprache abgefassten Werks setzt folglich, so Ast, ein »Verständniss nicht nur des Einzelnen, sondern auch des Ganzen dieser fremden Welt voraus, dieses aber wieder die ursprüngliche Einheit des Geistes«.[133] In seiner Schrift formuliert Ast, dessen Idealbild der »philosophisch gebildete Philolog«[134] war, das »Grundgesetz alles Verstehens und Erkennens«. Es gehe darum,

130 Ast 1808, S. 177.
131 Vgl. ebd., S. 174–179.
132 Ebd., S. 167 f.; vgl. S. 171.
133 Ebd., S. 171 f.
134 Ebd., S. 212.

aus dem Einzelnen den Geist des Ganzen zu finden, und durch das Ganze das Einzelne zu begreifen; jenes die analytische, dieses die synthetische Methode der Erkenntniss. Beide aber sind nur mit und durch einander gesetzt, eben so, wie das Ganze nicht ohne das Einzelne, als sein Glied, und das Einzelne nicht ohne das Ganze, als die Sphäre, in der es lebt, gedacht werden kann. Keines ist also früher, als das andere, weil beide sich wechselseitig bedingen und an sich Ein harmonisches Leben sind.[135]

Philologische Hermeneutik des Altertums ist demnach also unausweichlich zirkulär:

> Also kann auch nicht der Geist des gesammten Alterthums wahrhaft erkannt werden, wenn wir ihn nicht in seinen einzelnen Offenbarungen, in den Werken der Schriftsteller des Alterthums, begreifen, und umgekehrt kann der Geist eines Schriftstellers nicht ohne den Geist des gesammten Alterthums aufgefasst werden.[136]

Philologisches Verstehen ist also scheinbar in einem unauflöslichen ›Zirkel‹ gefangen, der darin besteht,

> dass ich a, b, c u. s. w. nur durch A erkennen kann, aber dieses A selbst wieder nur durch a, b, c u. s. f. [...] [Dieser Zirkel ist unvermeidlich], wenn beide A und a, b, c als Gegensätze gedacht werden, die sich wechselseitig be-

135 Ebd., S. 178 f.
136 Ebd., S. 179.

dingen und voraussetzen, nicht aber ihre Einheit anerkannt wird, so dass A nicht erst aus a, b, c u. s. f. hervorgeht und durch sie gebildet wird, sondern ihnen selbst vorausgeht, sie alle auf gleiche Weise durchdringt, a, b, c also nichts anderes, als individuelle Darstellungen des Einen A sind.[137]

Unter dieser Voraussetzung wird es nach Ast möglich, das Einzelne durch das Ganze und umgekehrt das Ganze durch das Einzelne zu erkennen, d. h. den unlösbar scheinenden Zirkel aufzubrechen.[138]

Friedrich Schleiermacher

Ein weiterer Autor, der für die Theoriegeschichte des hermeneutischen Zirkels von besonderer Bedeutung war, ist der einflussreiche evangelische Theologe und Philosoph Friedrich Daniel Ernst Schleiermacher (1768–1834). Schleiermacher, der heute vor allem noch bekannt ist durch seine Übersetzung der Werke Platons, war Hauptvertreter der romantischen Hermeneutik und ein Klassiker der klassischen oder traditionellen Hermeneutik.

In seinen Vorträgen *Über den Begriff der Hermeneutik mit Bezug auf F. A. Wolfs Anmerkungen und Asts Lehrbuch* vor der Preußischen Akademie der Wissenschaften vom 13. August und 22. Oktober 1829[139] und seinen Vorlesungen *Hermeneutik und Kritik mit besonderer Beziehung auf das*

137 Ebd., S. 180.
138 Vgl. auch ebd., S. 185 f. – Zu Ast vgl. auch Dilthey 1966, S. 708.
139 Postum publiziert 1835, Repr. in: Schleiermacher (1829) 1977, S. 309–360.

Neue Testament[140] begründet Schleiermacher die moderne Hermeneutik als »Kunstlehre«.[141] Die Hermeneutik ist, so Schleiermacher, »im allgemeinen die Kunst, die Rede eines andern, vornehmlich die schriftliche, richtig zu verstehen«.[142] Er prägte nicht nur durch die von ihm gegen die hermeneutische Tradition propagierte Ausweitung der Hermeneutik, die über alles schriftlich Fixierte hinaus, auch für Gespräche zuständig sein sollte,[143] sondern auch durch die von ihm in den hermeneutischen Diskurs eingeführten Begriffe, wie das »Divinatorische«[144] bzw. das »divinatorische Nachconstruiren der Rede«[145] und der »Keimentschluß«,[146] sowie seine wirkungsreiche These, es sei die Aufgabe des Hermeneuten, die Rede besser zu verstehen als ihr Urheber,[147] über lange Zeit die hermeneutische Diskussion.

Thema der Hermeneutik ist nach Schleiermacher das kunstmäßige Auslegen bzw. »alles Verstehen fremder Rede«.[148] Dabei ist die Hermeneutik nicht nur auf dem engen theologischen oder philologischen Feld zu Hause, sondern »treibt ihr Werk überall, wo es Schriftsteller gibt«.[149] Das Geschäft des Verstehens und Auslegens ist

140 Postum publiziert in: Schleiermacher 1838.

141 Schleiermacher (1829) 1977, S. 328, 346; Schleiermacher 1838, S. 3.

142 Schleiermacher 1838, S. 3.

143 Vgl. Schleiermacher (1829) 1977, S. 315 f.

144 Vgl. u. a. ebd., S. 314, 318, 319, 320, 323–327.

145 Schleiermacher 1838, S. 32.

146 Ebd., S. 160 u. ö.

147 Schleiermacher (1829) 1977, S. 325; Schleiermacher 1838, S. 32, vgl. S. 45.

148 Schleiermacher (1829) 1977, S. 309.

149 Ebd., S. 313.

> ein stetiges, sich allmählich entwickelndes Ganze, in dessen Verlauf wir uns immer mehr gegenseitig unterstützen, indem jeder den übrigen Vergleichspunkte und Analogien hergibt, das aber auf jedem Punkt immer wieder auf dieselbe ahnende Weise beginnt. Es ist das allmähliche Sichselbstfinden des denkenden Geistes.[150]

Als bedeutsam hebt Schleiermacher Asts »Fund« heraus, »daß alles Einzelne nur verstanden werden kann vermittelst des Ganzen und also jedes Erklären des Einzelnen schon das Verstehen des Ganzen voraussetzt«.[151] Schleiermacher betont: Dieser von Ast erörterte hermeneutische Grundsatz,

> daß, wie freilich das Ganze aus dem Einzelnen verstanden wird, so doch auch das Einzelne nur aus dem Ganzen verstanden werden könne, ist von solchem Umfang für diese Kunst und so unbestreitbar, daß schon die ersten Operationen nicht ohne Anwendung desselben zustandegebracht werden können, ja, daß eine große Menge hermeneutischer Regeln mehr oder weniger auf ihm beruhen.[152]

Er verdeutlicht dies an dem Verhältnis zwischen Wort und Satz. Denn hier zeige sich die fundamentale Bedeutung des hermeneutischen Zirkels von Einzelnem und Ganzem. Anders gesagt: Das Wort als Teil eines Ganzen wird aus der

150 Ebd., S. 327 f.
151 Ebd., S. 328.
152 Ebd., S. 329.

Gesamtheit verstanden. Das einzelne Wort kann also nur aus dem Satzganzen, dem es angehört, verstanden werden, das Einzelne kann nur vollkommen verstanden werden durch das Ganze.

Eine Betrachtung des ganzen Geschäfts des Auslegens kommt zu dem Schluss,

> daß vom Anfang eines Werkes an allmählig fortschreitend das allmählige Verstehen des Einzelnen und der sich daraus organisierenden Teile des Ganzen immer nur ein provisorisches ist, etwas vollkommener, wenn wir einen größeren Teil übersehen können, aber auch wieder mit neuer Unsicherheit.[153]

Erst am Ende eines sich immer weiter tastenden und wiederholt ansetzenden vorläufigen Verstehens ergibt sich unter Rückgriff auf unterschiedliche von Schleiermacher diskutierte Methoden der vollständige Sinn des auszulegenden Textes.

Auch in Schleiermachers Vorlesung nimmt die Zirkelproblematik breiten Raum ein. Um das Einzelne zu verstehen, müsse man das Ganze schon verstanden haben und umgekehrt.[154] Schleiermacher spricht hier von »unserem Princip [...], daß alles Einzelne nur aus dem Ganzen zu verstehen ist«.[155] Das bedeutet, dass »nur in dem Maaße, in welchem das Ganze zum Verstehen des Einzelnen gegeben ist«, die Aufgabe »glücklich gelöst werden«[156] kann. Für die

153 Ebd., S. 331.
154 Schleiermacher 1838, S. 33, 38, 158, 160, 246, 247 f.
155 Ebd., S. 103; vgl. S. 112.
156 Ebd., S. 211.

neutestamentliche Hermeneutik kann Schleiermacher aus seinen Überlegungen zum Verhältnis von Hermeneutik und historischer Kritik unter Berücksichtigung des hermeneutischen Zirkels zwei wichtige hermeneutische Regeln für die Interpretation der Bücher des *Neuen Testaments* ableiten:

> Das *Erste* [...] ist dieß, daß man jedes neutest[amentliche] Buch für sich betrachtet nach dem allgemeinen Kanon, das Ganze aus dem Einzelnen und das Einzelne aus dem Ganzen zu verstehen, zu erklären sucht. Nicht eher ist man zu einem sicheren Resultat gekommen, als bis beide Richtungen darin ihre Befriedigung finden. Das sezt eine beständige Rekapitulation voraus. Das Erste ist immer die allgemeine Übersicht, wodurch die Totalität anschaulich, die Structur des Ganzen und die bestimmte Formel dafür gefunden wird. Führt die Übersicht auf dunkle Stellen, von denen man sieht, daß sie die Hauptpuncte der Construction enthalten, so ist zu fürchten daß man zu keinem befriedigenden Resultate gelangen könne. [...]
>
> Das *zweite*, was in jenem allgemeinen Kanon die entgegengesezten Richtungen zu verbinden liegt, ist, daß man aus der allgemeinen Anschauung des Ganzen ins Einzelne fortschreitet, und von der allgemeinen Anschauung zurückgeht auf die allgemeinen Verhältnisse der Schrift. Das schließt aber in sich ein Hinausgehen über die einzelne Schrift hinaus auf das Gebiet der historischen Kritik und ihr hypothetisches Fundament.[157]

157 Ebd., S. 256, 258.

Die von Schleiermacher skizzierte neutestamentliche Hermeneutik bietet ein Regelwerk zur Auflösung dunkler Stellen und zum Verständnis der Texte des *Neuen Testaments*. Die zentrale Bedeutung des hermeneutischen Zirkels als eines konstitutiven Elements der Interpretation wird dabei offenkundig.

August Boeckh und Johann Gustav Droysen

Der deutsche Klassische Philologe August Boeckh (1785–1867), der von 1811 bis 1867 in Berlin an der Universität lehrte, untersucht in seinen Vorlesungen über *Enzyklopädie und Methodenlehre der philologischen Wissenschaften* (1809–1865)[158] das Verstehen als philologisches Erkennen und thematisiert in diesem Zusammenhang auch die Zirkelproblematik im philologischen Erkennen. Dabei benutzt er offenbar erstmals den Begriff »hermeneutischer Cirkel«;[159] außerdem spricht er vom »Cirkel der Interpretation«.[160] Der Hegel- und Boeckh-Schüler Johann Gustav Droysen (1808–1884), ein deutscher Historiker und Geschichtstheoretiker, der ab 1840 in Kiel, ab 1851 in Jena und seit 1859 in Berlin lehrte, entwickelt in seinen *Historik*-Vorlesungen (zwischen 1857 und 1883)[161] und in dem begleitenden *Grundriß der Historik* (1857–1882) eine auf Schleiermacher und Boeckh fußende historische Hermeneutik als Methodenlehre der Geschichtswissenschaft, in der er auch die Zirkel-Problematik zwischen Teil und Ganzem anspricht:

158 Boeckh 1877.
159 Ebd., S. 102, 109, 142.
160 Ebd., S. 140.
161 Droysen 1977.

> Wenn wir ein Gedicht lesen, so finden wir nach und nach aus den Teilen den Sinn des Ganzen und fassen ihn zu einem Bilde zusammen, das dann rückwärts den Sinn der Teile beleuchtet. Nur aus den Teilen verstehen wir das Ganze, und wieder, erst aus dem Ganzen die Teile. Und wenn das Ganze des Gedichtes vor uns steht, in sich klar und bedeutsam und jedes Wort belebend und noch durchleuchtend, so steht damit ein Bild des schöpferischen Dichtergeistes vor uns, aus dem es entsprang.[162]

Und weiter:

> Aber historisch vermögen wir ein Fragment, eine Spanne dieser ethischen Welt zu erschauen und zu verstehen, aus dem Verständnis des Teiles erschließt sich uns eine Ahnung des Ganzen, wovon es ein Teil ist; aus dem Bedürfnis der Totalität formt sich uns das Absolute, das Ewig-Gute, als die Vollendung der ethischen Weltordnung.[163]

In seinem *Grundriß der Historik* formuliert er knapp und unmissverständlich: »Das Einzelne wird verstanden im Ganzen und das Ganze aus dem Einzelnen.«[164]

162 Ebd., S. 30 f.
163 Ebd., S. 38.
164 Ebd., S. 398, 423.

Wilhelm Dilthey

Der Geistesgeschichtler, Philosoph und Theoretiker der Geisteswissenschaften, Wilhelm Dilthey (1833–1911), der in Basel, Kiel, Breslau und Berlin lehrte, ist der letzte in der Reihe der herausragenden Hermeneutiker vor Heidegger. Obwohl Dilthey oft als »Klassiker der Hermeneutik« bezeichnet wird, hat er keine eigene ausgearbeitete hermeneutische Methodenlehre vorgelegt. Sein Ruf gründet auf seiner, allerdings erst postum publizierten, großen Geschichte der hermeneutischen Theorien von Flacius bis Schleiermacher, der Preisschrift von 1860,[165] und seiner hermeneutischen Grundlegung der Geisteswissenschaften, durch die er zu einem wichtigen Anreger Heideggers geworden ist.

Diltheys systematisches Lebensthema war die erkenntnistheoretische, logische und methodologische Begründung der Geisteswissenschaften, eine »Kritik der historischen Vernunft«, wie er sein Projekt gelegentlich auch in Anlehnung an die *Kritik der reinen Vernunft* von Immanuel Kant (1724–1804) genannt hat. Sein Ziel war der Nachweis der erkenntnistheoretischen und methodischen Legitimität der Geisteswissenschaften als gleichwertiger, autonomer Wissenschaftsgruppe neben den Naturwissenschaften.

Realisieren wollte Dilthey sein Projekt mit seinem philosophischen Hauptwerk, der *Einleitung in die Geisteswissenschaften*, dessen erster Band 1883 erschien.[166] Das Werk blieb allerdings Fragment; der zweite Band, der die geplan-

165 Dilthey 1966.
166 Dilthey 1922.

te umfassende philosophische Grundlegung sowie die Logik und Methodenlehre der Geisteswissenschaften enthalten sollte, konnte von ihm nicht vollendet werden, obwohl Dilthey in den Jahrzehnten nach der Publikation des ersten Bandes der *Einleitung* zahlreiche Abhandlungen, Manuskripte, Dispositionsskizzen und andere Materialien verfasste, die zum Umkreis des zweiten Bandes gehören.[167] Erst nach 1900 gelang es ihm in einem erneuten Anlauf nach einigen Abhandlungen, die in der Preußischen Akademie der Wissenschaften vorgetragen und zum Teil in deren Sitzungsberichten veröffentlicht wurden, mit *Der Aufbau der geschichtlichen Welt in den Geisteswissenschaften* (1910)[168] die alte Fragestellung erneut aufzunehmen und zu einem gewissen Abschluss zu bringen. Sein Tod verhinderte allerdings die Fertigstellung des abschließenden zweiten Teils der Abhandlung.

Bedeutsam für die Geschichte der hermeneutischen Theorie ist vor allem der *Aufbau*, weil Dilthey hier im Unterschied zur *Einleitung* einen konsequenten hermeneutischen Ansatz der Grundlegung präsentiert. Während in dem umfangreichen Werk von 1883 weder die Hermeneutik noch das Verstehen oder die historisch-philologische Erkenntnis eine Rolle spielten, steht das Verstehen im *Aufbau* im Mittelpunkt der Argumentation. Das Verstehen wird für Dilthey in seinen Überlegungen nach 1900 »grundlegend für die Geisteswissenschaften«, Verstehen

167 Eine Rekonstruktion des zweiten Bandes aufgrund der zahlreichen Nachlassmaterialien wurde 1982 mit dem von Helmut Johach und Frithjof Rodi herausgegebenen Bd. 19 der *Gesammelten Schriften* vorgelegt.

168 Dilthey (1910) 1979, S. 77–188.

ist *»das grundlegende Verfahren für alle weiteren Operationen der Geisteswissenschaften«*,[169] während im Zentrum der Naturwissenschaften die Methode des »Erklärens« steht.

Für Dilthey wird »der Zusammenhang von Leben, Ausdruck und Verstehen«[170] bzw. von »Erleben, Ausdruck und Verstehen«[171] zum entscheidenden Fundament der Geisteswissenschaften. In seiner Analyse der Grundlagen der Geisteswissenschaften will er zeigen, dass diese Wissenschaften eine konstitutive zirkuläre Struktur aufweisen, da »in der geisteswissenschaftlichen Arbeit an jedem Punkte derselben und zu jeder Zeit eine Zirkulation von Erleben, Verstehen und Repräsentation der geistigen Welt in allgemeinen Begriffen« entsteht.[172] Die geisteswissenschaftliche Methode bewegt sich, so Dilthey, »in einer doppelten Richtung«: In »der Richtung auf das Einmalige geht sie vom Teil zum Ganzen und rückwärts von diesem zum Teil, und in der Richtung auf das Allgemeine besteht dieselbe Wechselwirkung zwischen diesem und dem Einzelnen«.[173]

Die im Jahre 1900 veröffentlichte Abhandlung *Die Entstehung der Hermeneutik*[174] bildet eine Art Kurzfassung der frühen großen Hermeneutik-Preisschrift und ist neben dem Nachlass-Text *Das Verstehen anderer Personen und ih-*

169 Dilthey (1900) 1974, S. 333; vgl. u. a. Dilthey (1910) 1979, S. 117 ff. und 218.
170 Dilthey (1910) 1979, S. 86.
171 Ebd., S. 87. Vgl. ebd., S. 137 f.
172 Ebd., S. 145.
173 Ebd., S. 146; vgl. S. 152 f.
174 Dilthey (1900) 1974, S. 317–331; Zusätze aus den Handschriften: S. 332–338.

rer Lebensäußerungen[175] Diltheys ausführlichste Stellungnahme zum Thema der Hermeneutik. Dort kommt er auch auf das Problem des hermeneutischen Zirkels zu sprechen, das er als »die zentrale Schwierigkeit aller Auslegungskunst«[176] bzw. in den handschriftlichen Zusätzen zur Abhandlung sogar als »*Aporie*«,[177] also als nicht auflösbaren Widerspruch, bezeichnet:

> Aus den einzelnen Worten und deren Verbindungen soll das Ganze eines Werkes verstanden werden, und doch setzt das volle Verständnis des einzelnen schon das des Ganzen voraus. Dieser Zirkel wiederholt sich in dem Verhältnis des einzelnen Werkes zu Geistesart und Entwicklung seines Urhebers, und er kehrt ebenso zurück im Verhältnis dieses Einzelwerks zu seiner Literaturgattung. [...] Theoretisch trifft man hier auf die Grenzen aller Auslegung, sie vollzieht ihre Aufgabe immer nur bis zu einem bestimmten Grade: so bleibt alles Verstehen immer nur relativ und kann nie vollendet werden.[178]

Martin Heidegger

Die für Gadamer wesentliche Stellungnahme zum hermeneutischen Zirkel innerhalb der hermeneutischen Tradition findet sich in Heideggers Hauptwerk *Sein und Zeit* (erste Hälfte) von 1927,[179] das für Gadamer zum entscheidenden

175 Dilthey (1910) 1979, S. 205–227.
176 Dilthey (1900) 1974, S. 330.
177 Ebd., S. 334.
178 Ebd., S. 330.
179 Heidegger 1972.

und beständigen Bezugspunkt in der Entwicklung seiner philosophischen Hermeneutik wurde.

Heideggers Buch stellte einen radikalen Bruch mit der bisherigen Universitätsphilosophie neukantianischer Provenienz dar und ist das Zeugnis einer entschiedenen Zuwendung zu existenziellen Fragestellungen. Seine radikal neuartigen Fragestellungen wurden in einer bislang ungehörten Begrifflichkeit formuliert, die philosophische Tradition wurde auf neue Weise zum Sprechen gebracht und die Verkrustungen der philosophischen Begriffssprache aufgebrochen, um die zugrunde liegenden existenziellen Fragestellungen wieder freizulegen. Trotz der Abstraktheit der Fragestellung, seiner ungewohnten, sperrigen Terminologie und der Komplexität der Argumentation gewann Heidegger großen Einfluss besonders auf die studentische Jugend.

Heideggers Fundamentalontologie, die er in der Durchführung der von ihm erneut gestellten »Frage nach dem Sinn von Sein«[180] ausarbeitet, und vor allem seine in diesem Zusammenhang vorgenommene Erklärung des Verstehens zu einem Existenzial wird für Gadamer zur entscheidenden philosophischen Inspiration.

Verstehen ist nach Heidegger, wie Gadamer verschiedentlich erläutert, »die Vollzugsweise der Geschichtlichkeit des Daseins selbst«,[181] und diese Uminterpretation des Verstehens weg von einer Methode und hin zu einer »kategorialen Grundbestimmung des menschlichen Daseins« wurde für Gadamer von entscheidender Bedeutung und war »der Anstoß«, der ihn

180 Ebd., S. 1; vgl. S. 2–15.
181 GW 10, S. 124.

> zu einer kritischen Überschreitung der Methodendiskussion und zu einer Ausweitung der hermeneutischen Fragestellung veranlaßte, die nicht mehr allein die Wissenschaft, welche auch immer, sondern ebenso die Erfahrung der Kunst und die Erfahrung der Geschichte in den Blick nahm.[182]

Zentrales Thema ist für Heidegger der Nachweis der Notwendigkeit einer »*Fundamentalontologie*«, die in einer vorbereitenden »*existenzialen Analytik des Dasein*«[183] gesucht werden muss und die das (menschliche) Dasein mit der Absicht zum Thema nimmt, um den Boden zu bereiten für die Beantwortung des Kardinalproblems der Philosophie, nämlich der Frage »nach dem Sinn von Sein überhaupt«.[184] Heidegger konkretisiert diese durch einen quasi-transzendentalen Ansatz, d. h. durch einen Rückgang auf das Seinsverständnis des menschlichen Daseins, das zum »Zugangsweg« zur Frage nach dem Sein wird,[185] indem er versucht, das Seiende, das wir selbst als Fragende sind, in seinem Sein und Seinsverständnis durchsichtig zu machen. Er bezeichnet dieses Seiende, das die Seinsmöglichkeit des Fragens besitzt, als »Dasein«. Daher, so Heidegger, verlangt die Frage nach dem Sinn von Sein eine vorgängige, angemessene Erläuterung des Daseins hinsichtlich seines Seins. Das Dasein wird damit zum Ausgang der weitergehenden Frage nach dem Sinn von Sein, da das Dasein vor anderem Seienden dadurch ontisch bzw. von seinem Sein her ausgezeich-

182 GW 2, S. 331; vgl. S. 124
183 Heidegger 1972, S. 13.
184 Ebd., S. 37.
185 GW 2, S. 407.

net ist, »daß es diesem Seienden in seinem Sein *um* dieses Sein selbst geht«.[186] Dasein besitzt also »in seinem Sein zu diesem Sein ein Seinsverhältnis«, d. h., es versteht sich »in irgendeiner Weise und Ausdrücklichkeit in seinem Sein«.[187] Heidegger bezeichnet dieses Sein selbst, zu dem sich das Dasein in irgendeiner Weise verhalten kann, als »Existenz«; es versteht sich selbst folglich immer aus seiner Existenz heraus. Daher ist eine »existenziale Analytik des Daseins«,[188] also eine Untersuchung der ontologischen Strukturen, die Existenz konstituieren, notwendig, wenn der Frage nach dem Sinn von Sein eine Grundlage bereitet werden soll.

Diese gesuchte existenziale Analytik des Daseins, die Heidegger auch als »Fundamentalontologie«[189] bezeichnet, ist nicht nur das Fundament anderer möglicher Ontologien, sondern bildet den ersten Schritt im Hinblick auf die Beantwortung der gestellten bzw. wieder aufgenommenen Seinsfrage. Für Heideggers Problemstellung ist folglich entscheidend, dass das Dasein, also der Mensch, »als das grundsätzlich vorgängig auf sein Sein zu *befragende* Seiende fungiert«.[190] Denn für Heideggers Frageansatz ist die Erwartung eigentümlich, dass die angezielte ontologische Analytik des Daseins den Horizont für eine »Interpretation des Sinnes von Sein überhaupt« freilegt.[191] Denn, wie er festhält, muss eine Analytik des Daseins »das erste Anlie-

186 Heidegger 1972, S. 12.
187 Ebd.
188 Ebd., S. 12 f.
189 Ebd., S. 13 f.
190 Ebd., S. 14.
191 Ebd., S. 15.

gen in der Frage nach dem Sein« bleiben.[192] Die Methode dieser Analytik des Daseins bezeichnet Heidegger als eine phänomenologische Methode, und die zu leistende Phänomenologie des Daseins bestimmt er als »*Hermeneutik* in der ursprünglichen Bedeutung des Wortes, wonach es das Geschäft der Auslegung bezeichnet«.[193] Gegenstand der Philosophie ist Ontologie, ihre Methode Phänomenologie. Philosophie ist nach Heidegger folglich »universale phänomenologische Ontologie, ausgehend von der Hermeneutik des Daseins«.[194]

Zu Recht weist Gadamer darauf hin, dass

> die transzendentale Reflexionsform, in der sich Heidegger […] in bloßer Tieferlegung der transzendentalen Fundamente der Philosophie bewegte, […] der eigentlichen Absicht und Aufgabe nicht genügen [konnte], die Endlichkeit und Geschichtlichkeit des Daseins (anstelle der Unendlichkeit eines Immerseienden) zum Leitfaden der Ausarbeitung der Frage nach dem Sinn von Sein zu erheben.[195]

Die Notwendigkeit einer »Kehre« in Heideggers Denken war damit vorgezeichnet. Im Zentrum seiner Analytik des Daseins steht die Freilegung der Seinscharaktere des Daseins, die Heidegger »*Existenzialien*« nennt und die er von den »*Kategorien*«, d.h. von den Seinsbestimmungen des

192 Ebd., S. 16.
193 Ebd., S. 37.
194 Ebd., S. 38.
195 GW 2, S. 428.

nicht daseinsmäßigen Seienden abhebt.[196] Zur Grundverfassung des Daseins erklärt Heidegger das »In-der-Welt-sein überhaupt«,[197] gleichsam das Wesen des Seins des Daseins.

Neben anderen Existenzialien, wie der Befindlichkeit und dem Besorgen, die Heidegger durch seine phänomenologische Analyse des alltäglichen In-der-Welt-seins des Daseins gewinnt, kommt dem Verstehen eine besondere Bedeutung zu.[198] Seine Bestimmung des Verstehens als »fundamentales Existenzial«[199] bedeutet nämlich eine radikale Wende im Verständnis des Begriffs »Verstehen«, weil nun das Verstehen nicht mehr – etwa im Unterschied zum Erklären – als eine mögliche Erkenntnisart, sondern vielmehr als »Grundmodus des Seins des Daseins« selbst begriffen wird. Verstehen als *eine* mögliche Erkenntnisart unter anderen (z. B. dem Erklären) muss dagegen als vom primären Sinn des Verstehens abgeleitet, und zwar als, so wie Heidegger formuliert, »existenziales Derivat des primären, das Sein des Da überhaupt mitkonstituierenden Verstehens« aufgefasst werden. Verstehen ist also primär nicht mehr die Erkenntnismethode der Geisteswissenschaften, sondern im Gegenteil die Seinsart des Daseins selbst, das »Sein als Existieren«, oder anders ausgedrückt: »*Verstehen ist das existenziale Sein des eigenen Seinkönnens des Daseins selbst*«.[200]

In diesem Zusammenhang arbeitet Heidegger den »Ent-

196 Heidegger 1972, S. 44.
197 Ebd., S. 53.
198 Vgl. ebd., S. 85–87, 123, 142 ff.
199 Ebd., S. 143.
200 Ebd., S. 144.

wurfcharakter des Verstehens«[201] heraus. Damit soll zum Ausdruck gebracht werden, dass das Dasein als Verstehen sein Sein auf zu lebende Möglichkeiten entwirft. Dabei nennt er die Ausbildung des Verstehens »Auslegung«, in der sich das Verstehen »sein Verstandenes verstehend zu[eignet]«. Sie gründet, wie Heidegger schreibt, »existenzial im Verstehen, und nicht entsteht dieses durch jene«.[202] Wichtig für Gadamers Entwurf einer philosophischen Hermeneutik wird Heideggers Analyse der »Als-Struktur« der Auslegung. Damit ist gemeint, dass das im alltäglichen Umgang mit Gebrauchsdingen (die Heidegger »zuhandenes Zeug« nennt) Verstandene die »Struktur des *Etwas als Etwas*«[203] besitzt. Ein Gebrauchsding, wie ein Hammer, wird unmittelbar als ein Etwas verstanden, dem eine bestimmte Funktion, nämlich das Hämmern, zukommt. Das bedeutet, dass das einfache visuelle Erfassen der Gebrauchsdinge »schon verstehend auslegend« ist:

> Das schlichte Sehen der nächsten Dinge im Zutunhaben mit ... trägt die Auslegungsstruktur so ursprünglich in sich, daß gerade ein gleichsam *als-freies* Erfassen von etwas einer gewissen Umstellung bedarf, [...] [denn] dieses als-freie Erfassen ist eine Privation [d. h. eine Beraubung, Entziehung, Negation] des *schlicht* verstehenden Sehens, nicht ursprünglicher als dieses, sondern abgeleitet aus ihm.[204]

201 Ebd., S. 145.
202 Ebd., S. 148.
203 Ebd., S. 149.
204 Ebd.

Mit anderen Worten: Jede Wahrnehmung von im Alltag begegnenden Gebrauchsdingen ist nach Heidegger primär und immer schon verstehend-auslegend; eine »reine« Wahrnehmung (ein »als-freies Erfassen«) solcher Dinge ist daher ein aus ihr abgeleiteter Modus. Damit räumt Heidegger mit der verbreiteten Meinung auf, dass zunächst ein pures Vorhandenes gesehen wird, das in einem zweiten Schritt *als eine Tür*, *als ein Haus* aufgefasst wird: Die Auslegung

> wirft nicht gleichsam über das nackte Vorhandene eine »Bedeutung« und beklebt es nicht mit einem Wert, sondern mit dem innerweltlich Begegnenden als solchem hat es je schon eine im Weltverstehen erschlossene Bewandtnis, die durch die Auslegung herausgelegt wird.[205]

Ebenso wichtig für Gadamer wird andererseits Heideggers Analyse der »alltäglichen, umsichtigen Auslegung«,[206] die auf der »Vor-Struktur« des Verstehens basiert. Diese Analyse besitzt unmittelbare hermeneutische Relevanz, da Heidegger zeigen kann, dass schon jede alltägliche Auslegung jeweils in einer »Vorhabe«, einer »Vorsicht« und einem »Vorgriff« gründen. Damit sind – verkürzt gesagt – die jeweilige Hinsicht, unter der das Verstandene ausgelegt werden soll, die vorweggenommene mögliche Auslegbarkeit sowie die für die Auslegung gewählte Begrifflichkeit gemeint. Heideggers etwas fremd und kompliziert anmutenden Termini bringen die in Wahrheit recht einfache, aber wichtige pragmatisch-hermeneutische Einsicht zum Aus-

205 Ebd., S. 150.
206 Ebd.

druck, dass ein Verstehen von etwas, z. B. die Lektüre eines Textes, voraussetzungshaft, d. h. in bestimmter Weise durch Hinsichten, Interessen und Begriffe angeleitet ist, denn die »Auslegung von Etwas als Etwas wird wesenhaft durch Vorhabe, Vorsicht und Vorgriff fundiert. Auslegung ist nie ein voraussetzungsloses Erfassen eines Vorgegebenen.«[207] Und mit kritischer Wendung gegen jede Art von objektiver, d. h. vermeintlich »exakter« Texthermeneutik, schreibt Heidegger:

> Wenn sich die besondere Konkretion der Auslegung im Sinne der exakten Textinterpretation gern auf das beruft, was »dasteht«, so ist das, was zunächst »dasteht«, nichts anderes als die selbstverständliche, undiskutierte Vormeinung des Auslegers, die notwendig in jedem Auslegungsansatz liegt als das, was mit Auslegung überhaupt schon »gesetzt«, das heißt in Vorhabe, Vorsicht, Vorgriff vorgegeben ist.[208]

Ein voraussetzungsloses, unmittelbares, direktes Verstehen ist also ebenso wenig möglich, wie es eine reine, hypothesenfreie Beobachtung etwa in den Naturwissenschaften geben kann.

Jede Auslegung, das ist das Ergebnis seiner Analysen, bewegt sich immer schon im Verstandenen, denn »alle Auslegung [...] muß das Auszulegende verstanden haben«.[209] Das hat unvermeidliche und allerdings, so Heidegger, nur

207 Ebd.
208 Ebd.
209 Ebd., S. 152.

in den interpretierenden Wissenschaften immer schon wahrgenommene Konsequenzen. Entsprechend den Maßstäben der Logik kann eine Auslegung, die sich im schon Verstandenen bewegt, keine wissenschaftlichen Resultate erbringen, ohne sich in einem Zirkel bzw. einem Teufelskreis bzw. *circulus vitiosus* zu bewegen. Streng begründete wissenschaftliche Erkenntnis ist so offensichtlich nicht möglich, und die historische Auslegung erfüllt nicht die Kriterien strenger wissenschaftlicher Erkenntnis. Ohne Beseitigung dieses »Faktums des Zirkels im Verstehen« bleibt der Geschichtswissenschaft nichts anderes übrig, als sich daher mit weniger strengen Möglichkeiten der Erkenntnis zu begnügen. Die auch von Historikern vertretene Auffassung, es sei besser, diesen »Zirkel im Verstehen« zu vermeiden, weil dadurch die Hoffnung bestehe, »einmal eine Historie zu schaffen, die vom Standort des Betrachters so unabhängig wäre wie vermeintlich die Naturerkenntnis«,[210] wird von Heidegger entschieden zurückgewiesen:

> *Aber in diesem Zirkel ein vitiosum sehen und nach Wegen Ausschau halten, ihn zu vermeiden, ja ihn auch nur als unvermeidliche Unvollkommenheit »empfinden«, heißt das Verstehen von Grund aus mißverstehen.* Nicht darum geht es, Verstehen und Auslegung einem bestimmten Erkenntnisideal anzugleichen, das selbst nur eine Abart von Verstehen ist, die sich in die rechtmäßige Aufgabe einer Erfassung des Vorhandenen in seiner wesenhaften Unverständlichkeit verlaufen hat.[211]

210 Alle Zitate: Ebd., S. 152.
211 Ebd., S. 153.

Die Grundbedingung möglichen Auslegens besteht nach Heidegger vielmehr darin, »dieses nicht zuvor hinsichtlich seiner wesenhaften Vollzugsbedingungen zu verkennen«:

> Das Entscheidende ist nicht, aus dem Zirkel heraus-, sondern in ihn nach der rechten Weise hineinzukommen. Dieser Zirkel des Verstehens ist nicht ein Kreis, in dem sich eine beliebige Erkenntnisart bewegt, sondern er ist der Ausdruck der existenzialen *Vor-struktur* des Daseins selbst. Der Zirkel darf nicht zu einem vitiosum und sei es auch zu einem geduldeten herabgezogen werden. In ihm verbirgt sich eine positive Möglichkeit ursprünglichsten Erkennens [...].[212]

Als entscheidendes Ergebnis von Heideggers Analyse des Verstehens kann also festgehalten werden, dass er zu zeigen versucht, dass das, »was mit dem unangemessenen Ausdruck ›Zirkel‹ bemängelt wird, zum Wesen und zu der Auszeichnung des Verstehens selbst gehört«.[213] An diese neue Sicht des ›hermeneutischen Zirkels‹, die Heidegger in den Paragraphen 32[214] und 63[215] von *Sein und Zeit* entwickelt, schließt Gadamer in seinem Aufsatz über den *Zirkel des Verstehens* unmittelbar an und übernimmt Heideggers positive Bewertung der hermeneutischen Zirkelstruktur.

212 Ebd., S. 153.
213 Ebd., S. 314.
214 Ebd., S. 152–154.
215 Ebd., S. 314 f.

4.3 *Der Argumentationsgang von Gadamers Aufsatz*

Einleitung

In der kurzen Einleitung (S. 5) erläutert Gadamer die klassische Regel der Hermeneutik, entsprechend der das Ganze eines Textes aus dem Einzelnen, also aus den den Text konstituierenden Wörtern, und das Einzelne aus dem Ganzen heraus verstanden werden muss. Er verdeutlicht diese Regel daran, wie man fremde Sprachen erlernt, genauer: wie man lernt, Sätze aus fremden Sprachen zu übersetzen. Eine solche Übersetzung kann nicht gelingen, wenn man etwa lediglich versuchen wollte, einen lateinischen Satz Wort für Wort zu übersetzen. Gefordert ist stattdessen, wie Gadamer plausibel macht, ein vorgängiges ›Konstruieren‹ des Satzes, bevor man versuchen kann, die sprachliche Bedeutung der einzelnen Wörter zu verstehen. Dabei ist allerdings zu beachten, dass das Konstruieren selbst schon durch eine Sinnerwartung geleitet wird, die aus dem vorhergehenden Kontext gespeist ist. Gadamer weist darauf hin, dass diese Sinnerwartung biegsam, elastisch oder offen sein und sich gemäß der Textlage korrigieren lassen muss. Mit anderen Worten: Die Erwartung muss so flexibel sein, dass sie entsprechend des voranschreitenden Verständnisses verändert werden kann und der zu verstehende Text unter der geänderten Sinnerwartung zu einer (neuen) Verständniseinheit zusammengeführt wird.

Der Gang des Verstehens, in diesem Fall eines fremdsprachigen Satzes, beschreibt eine kreisförmige Figur, die vom Ganzen des Satzes zu den Satzteilen und wieder zurück zum Ganzen verläuft. Dabei bestimmt Gadamer als

Aufgabe des Verstehens die Erweiterung des verstandenen Sinns durch das Durchlaufen der Kreise.

Wahrheitskriterium des Verstehens ist, so Gadamer, die »Einstimmung aller Einzelheiten zum Ganzen« (S. 5): Die Einzelheiten, also die Satzteile bzw. die Wörter, müssen zu einem einheitlichen Sinnganzen zusammengeschlossen werden. Wird eine solche Einstimmung verfehlt, d. h. ordnen sich einer oder mehrere Satzteile bzw. Wörter dem Sinnganzen nicht unter, ist die Bemühung, den Text zu verstehen, gescheitert.

Erster Hauptabschnitt

Im ersten Hauptabschnitt (S. 5–8) setzt sich Gadamer mit der klassischen traditionellen Hermeneutik bzw. deren Verständnis dieser hermeneutischen Regel[216] auseinander. Dabei steht Schleiermachers Hermeneutik im Mittelpunkt seiner kritischen Betrachtung.

Zunächst hält Gadamer, der sich vor allem auf Schleiermachers Akademie-Reden *Über den Begriff der Hermeneutik mit Bezug auf F. A. Wolfs Andeutungen und Asts Lehrbuch* von 1829 stützt, fest, dass Schleiermacher in seiner Darstellung des hermeneutischen Zirkels eine zweifache Differenzierung hinsichtlich seiner objektiven und seiner subjektiven Seite vorgenommen hat. Er spielt dabei an auf Schleiermachers Unterscheidung zwischen »grammatischer« und »psychologischer« Interpretation. Die objektive Seite der Auslegung ist die von Schleiermacher sogenannte »grammatische«, und die subjektive Seite die von ihm als

216 Vgl. auch GW 2, S. 92–117.

»psychologische« bezeichnete Seite der Auslegung. Die grammatische Seite der Interpretation zielt auf »das Verstehen der Rede aus der Gesamtheit der Sprache«; die psychologische Seite auf das Verstehen der Rede »als eines Aktes fortlaufender Gedankenerzeugung«.[217] Dabei hält Schleiermacher fest, dass »in jedem vollkommnen Verstehen beides vollkommen muß gegeben sein«.[218] Die grammatische Seite der Interpretation ist auf die sprachliche Gestalt, d. h. die gleichsam »objektive« Dimension der zu verstehenden Schrift oder Rede, die psychologische Seite ist dagegen Autor-zentriert, also auf die psychologischen Bedingungen der Erzeugung der Schrift, auf das »innere Verfahren« des Textproduzenten und damit auf die gleichsam »subjektive« Dimension des zu interpretierenden Textes ausgerichtet.

Die psychologische Seite der Auslegung zielt also auf die Nachbildung des »schöpferischen Akt[es]«,[219] die »Produktivität des Autors«,[220] den »innere[n] Hergang im Geist und Gemüt des Komponierenden«,[221] die grammatische Seite dagegen auf die »objektive Totalität der Sprache«.[222] Er unterscheidet also zwischen zwei Seiten des Auslegungsgeschäfts: Die grammatische Auslegung ist »mehr auf die Sprachverhältnisse jeder vorliegenden Schrift gerichtet, die andere [psychologische] mehr auf den ursprünglichen psychischen Prozeß der Erzeugung und Verknüpfung von Ge-

217 Schleiermacher (1829) 1977, S. 324.
218 Ebd.
219 Ebd., S. 325.
220 Ebd., S. 326.
221 Ebd., S. 325.
222 Ebd., S. 326.

danken und Bildern«.[223] In seinem Aufsatz stellt Gadamer nun die Angemessenheit von Schleiermachers Beschreibung der Zirkelbewegung des Verstehens bzw. der Auslegung in Frage und macht gegen Schleiermachers Darstellung der subjektiven, psychologischen Seite der Auslegung geltend, dass wir uns bei dem Versuch, einen Text zu verstehen, nicht in die seelische Verfassung, nicht in das »Innere« des Autors, sondern allenfalls in seine Meinung hineinversetzen. Und dies bedeutet – und das ist ein wesentlicher, nicht unproblematischer Grundsatz von Gadamers Hermeneutik –, »daß wir das sachliche Recht dessen, was der andere sagt, gelten zu lassen suchen«. (S. 6) Ein Rückgang in die Subjektivität des Autors eines Textes wird von der Hermeneutik nicht gefordert, sondern ihre Aufgabe ist vielmehr die Aufklärung des »Wunders des Verstehens« (S. 6 f.),[224] und Verstehen ist nach Gadamer, wie er prägnant formuliert, keine »geheimnisvolle Kommunion der Seelen, sondern nur Teilhabe am gemeinsamen Sinn«. (S. 7)

Nicht nur die subjektive, sondern auch die objektive Seite des Zirkels verfehlt also, so Gadamer, das hermeneutische Problem, denn »das Ziel aller Verständigung und alles Verstehens ist das Einverständnis in der Sache«.[225] (S. 7) In diesem Sinne hat, so Gadamer, Hermeneutik, wie ihre Geschichte zeige, immer schon die Aufgabe, »ausbleibendes oder gestörtes Einverständnis herzustellen«.[226] (S. 7) Wie die von ihm zitierten Beispiele Augustin und der frühe Protestantismus plausibel machen, gehe es auch immer um

223 Ebd., S. 336 f.
224 Vgl. GW 1, S. 297 und 316.
225 Ebd., S. 58.
226 Ebd.

die Vermittlung zwischen unterschiedlichen Traditionselementen, also kurz gesagt: um die Vermittlung zwischen alt und modern, Altem Testament und Neuem Testament, Antike und Christentum.

Das wird offenkundig, wenn Gadamer die Romantik und Schleiermacher kritisiert, die ein »geschichtliches Bewußtsein von universalem Umfang« begründet hätten.[227] (S. 7) Denn nun wird mit der historischen Interpretation eine neue Stufe der Hermeneutik erreicht, indem sie sich, so Gadamer, von ihrer Herkunftsgeschichte emanzipieren, denn »die verbindliche Gestalt der Tradition, aus der sie kommen und in der sie stehen«, gelte »nicht mehr als feste Grundlage für all hermeneutische Bemühung«.[228] (S. 7)

Dies wird deutlich, wenn Gadamer auf Friedrich Ast, den wichtigsten hermeneutischen Vorläufer Schleiermachers, verweist, der »ein ganz entschieden inhaltliches Verständnis der Aufgabe der Hermeneutik« hatte.[229] (S. 7) Dieser stellte nämlich für die Hermeneutik die Forderung auf, »das Einverständnis zwischen Antike und Christentum, zwischen einer neugesehenen wahren Antike und der christlichen Tradition herzustellen«. (S. 7) Entsprechend führt Ast aus:

> Die beiden Pole der Geschichte sind die griechische und die christliche Welt, die aber beide aus Einem Mittelpuncte, dem Orientalismus, hervorgetreten sind, und, vermöge ihrer ursprünglichen Einheit, in unserer Welt

227 Ebd.
228 Ebd.
229 Ebd.

> nach Wiedervereinigung streben. Der Triumph *unserer* Bildung also wird die freie, mit Bewußtseyn erschaffene Eintracht des poetischen (plastischen oder griechischen) und religiösen (musikalischen oder christlichen) Lebens der Menschenbildung seyn. So ist alles aus Einem Geist hervorgegangen und strebt in Einen Geist wieder zurück.[230]

Alles Verstehen sei »schlechthin unmöglich ohne die ursprüngliche Einheit und Gleichheit alles Geistigen und ohne die ursprüngliche Einheit aller Dinge im Geiste«.[231] Die von Ast entwickelte Lehre einer Einheit von Antike und Christentum hält, so Gadamer – »ein Wahrheitsmoment am hermeneutischen Phänomen« fest, das Schleiermacher und seine Nachfolger (hier denkt er vermutlich vor allem wohl an Dilthey) »zu Unrecht preisgegeben« hätten. (S. 8) Der entscheidende Punkt, den Ast Schleiermacher voraushat, liege in seiner »spekulative[n] Energie«, die ihn davor bewahrt habe, »in der Geschichte bloße Vergangenheit und nicht vielmehr die Wahrheit der Gegenwart zu suchen«. Gadamer unterstellt damit Schleiermacher, Dilthey und ihren Nachfolgern pauschal, in der Geschichte reine Vergangenheit zu sehen, die sich durch abständige, bloß historische Interpretationen erschließen lasse. Diese Hermeneutiker verweigern damit in Gadamers Augen die Anerkenntnis des Primats bzw. der Dominanz der Tradition, deren besondere Bedeutung für die Hermeneutik er in seinem Hauptwerk herausstellen wird. Der Tradition – das ist

230 Ast 1808, S. 170 f.
231 Ebd., S. 167 f.; vgl. auch S. 171, 174 f. und 188. – Vgl. GW 1, S. 182.

ein Grundgedanke von Gadamers philosophischer Hermeneutik – hat sich die interpretierende Subjektivität zu unterwerfen, denn Verstehen sei ein »Einrücken in ein Überlieferungsgeschehen«,[232] wobei allerdings – das sei kritisch angemerkt – letztlich offenbleibt, was dies für die Auslegungspraxis konkret bedeutet.

Gadamer kann daher die von Schleiermacher ausgehende hermeneutische Theoriebildung nur als eine »Verflachung ins Methodische« (S. 8) begreifen. Seine eigenen Anstrengungen, eine hermeneutische Theorie zu entwickeln und durchzusetzen, richten sich somit konsequent darauf, Schleiermachers und Diltheys hermeneutische Entwürfe zurückzuweisen und eine Alternative zu diesen zu entwickeln, die ihrerseits auch noch zusätzlich dem bei Ast entdeckten Vermittlungsgedanken gerecht wird.

Die Kritik an Schleiermacher und Dilthey in *Wahrheit und Methode*

Seine Schleiermacher- und Dilthey-Kritik führt Gadamer in *Wahrheit und Methode* weiter aus und vertieft sie:[233] Zentraler Kritikpunkt an der traditionellen, geisteswissenschaftlichen Hermeneutik von Schleiermacher und Dilthey, der nach Gadamer dem »Ideal der historischen Aufklärung«[234] anhängt und den er als Nachfolger Schleiermachers begreift, ist die gesuchte Vollendung der Hermeneutik

232 GW 1, S. 295.

233 Vgl. zu Schleiermacher: GW 1, S. 182 f., 188–201; zu Dilthey: GW 1, S. 180 ff., 202, 222–246, auch GW 2, S. 28–36, und die Dilthey-Aufsätze in GW 4, S. 406–447.

234 GW 1, S. 181.

»im Freiwerden des historischen Verstehens von allen dogmatischen Voreingenommenheiten«.[235] Für Schleiermachers Konzeption einer universalen Hermeneutik ist Gadamer zufolge charakteristisch, dass für sie »die besondere Vorbildlichkeit der Überlieferung keine Voraussetzung der hermeneutischen Aufgabe mehr darstellt«.[236] Gleiches gelte auch für Dilthey, denn für ihn komme die Hermeneutik erst zu ihrer eigentlichen Gestalt, »wenn sie ihre Stellung im Dienst einer dogmatischen Aufgabe [...] in die Funktion eines historischen Organon verwandelt«.[237] Mit Schleiermacher beginnt daher ein neues Kapitel der Hermeneutik. Während für seinen Vorgänger Ast die Hermeneutik »durch den Inhalt des zu Verstehenden bestimmt« war,[238] und das war »die selbstverständliche Einheit der antik-christlichen Literatur«, sucht Schleiermacher »die Einheit der Hermeneutik nicht mehr in der inhaltlichen Einheit der Überlieferung, auf die das Verstehen angewendet werden soll, sondern abgelöst von aller inhaltlichen Besonderung in der Einheit eines Verfahrens«. Damit ist klar: Die »Bemühung des Verstehens hat überall statt, wo sich kein unmittelbares Verstehen ergibt, bzw. wo mit der Möglichkeit eines Mißverstehens gerechnet werden muß«.

Gadamer stellt bei Schleiermacher eine bedeutende Wendung und grundsätzliche Neuausrichtung der Hermeneutik sowie damit einhergehend eine Neubestimmung des Verhältnisses zur Überlieferung fest:

235 Ebd., S. 177.
236 Ebd., S. 181 f.
237 Ebd., S. 181.
238 Ebd., S. 182.

> Die Kunst des Verstehens wird einer prinzipiellen theoretischen Aufmerksamkeit und universellen Pflege gewürdigt, weil weder ein biblisch noch ein rational begründetes Einverständnis den dogmatischen Leitfaden alles Textverständnisses mehr bildet.[239]

Schleiermacher formuliert, so Gadamer, also einen autonomen, von dogmatisch-inhaltlicher Bindung unabhängigen Kanon von Auslegungsregeln, eine eigene Methodik der Auslegung, die »Mißverständnis«[240] beim Verstehen vermeiden soll. Daher glaubt Gadamer bei Schleiermacher eine grundsätzliche Verschiebung diagnostizieren zu können, denn das, was »verstanden werden soll, ist nun nicht nur der Wortlaut und sein objektiver Sinn, sondern ebenso die Individualität des Sprechenden bzw. des Verfassers.« Der Weg ins Historische, d. h. der »Rückgang auf die Entstehung von Gedanken«,[241] wird zum Normalfall und zur Voraussetzung, von der aus die Verstehenslehre entwickelt wird. Konkret bedeutet dies, dass Schleiermacher der grammatischen, also sprachbezogenen, Auslegung die psychologische, auf die Subjektivität des Autors bezogene, Auslegung zur Seite stellt. In der Letzteren liege dabei, so Gadamer, »sein Eigenstes«[242] und wird besonders wirkungsreich. Diese psychologische Interpretation sei »letztlich ein divinatorisches Verhalten, ein Sichversetzen in die ganze Verfassung des Schriftstellers, eine Auffassung des ›inneren Herganges‹ der Abfassung eines Werkes, ein

239 Ebd., S. 183.
240 Schleiermacher 1838, S. 29 f.
241 GW 1, S. 189.
242 Ebd., S. 190.

Nachbilden des schöpferischen Aktes«.[243] Dies hat zur Konsequenz, dass ein Text nun nicht mehr auf seinen sachlichen Gehalt hin interpretiert, sondern er vielmehr »als ein ästhetisches Gebilde«, also als ein Kunstwerk verstanden wird. Die letzte Basis allen Verstehens muss immer »ein divinatorischer Akt der Kongenialität« sein, also eine »ahnende« oder »seherische« Handlung der Gleichrangigkeit, »dessen Möglichkeit auf einer vorgängigen Verbundenheit aller Individualitäten beruht«. Grundlage von Schleiermachers Hermeneutik ist nach Gadamer somit eine »ästhetische Metaphysik der Individualität«.[244] Die Grenze von Schleiermachers Hermeneutik liegt, wie Gadamer kritisiert, in der so geforderten Gleichsetzung mit dem Verfasser eines zu verstehenden Textes. Gadamer kritisiert an Schleiermacher, er habe die Hermeneutik zu »einer von allen Inhalten abgelösten Methode verselbständigt«.[245]

Neben Schleiermacher setzt sich Gadamer insbesondere mit Dilthey auseinander. Dabei kritisiert er nicht nur die Tendenz von Diltheys Hermeneutik-Geschichtsschreibung,[246] sondern nicht zuletzt auch dessen eigenen Entwurf einer Hermeneutik bzw. dessen hermeneutische Grundlegung der Geisteswissenschaften: Diese hätten Schleiermachers Ansätze konsequent weiterentwickelt (doch kann man diese Behauptung Gadamers durchaus in Zweifel ziehen). In *Wahrheit und Methode* widmet Gadamer Dilthey eine kritische Darstellung,[247] während er im

243 Ebd., S. 191.
244 Ebd., S. 193.
245 Ebd., S. 198.
246 Vgl. ebd., S. 170, 177, 181.
247 Vgl. in diesem Band S. 122–124.

Aufsatz *Vom Zirkel des Verstehens* nur in einem Nebensatz zur Sprache kommt.

Gadamers Verhältnis zu Dilthey ist durchaus ambivalent: einerseits bewundert er Diltheys großes Unternehmen einer »Kritik der historischen Vernunft« und räumt ein, dass er von Diltheys Grundproblem einer philosophischen Begründung der Geisteswissenschaften bei seinem eigenen Projekt ausgegangen sei. Doch distanziert er sich andererseits entschieden von Diltheys Versuch einer lebensphilosophisch-hermeneutischen Grundlegung der Geisteswissenschaften.

Den nächsten entscheidenden Schritt in der Entwicklung der hermeneutischen Theoriebildung vollzieht, so Gadamer, Dilthey, der die romantische Hermeneutik Schleiermachers aufgreift und zu einer historischen Methodik, zu einer Erkenntnistheorie der Geisteswissenschaften auszuweiten versucht.[248] Die geschichtliche Wirklichkeit wird bei Dilthey zu einem zu verstehenden Text,[249] und die Erforschung dieser geschichtlichen Wirklichkeit wird, so Gadamers entscheidende Kritik, von Dilthey daher »*als Entzifferung und nicht als geschichtliche Erfahrung* gedacht«.[250]

Im Kern läuft Gadamers Dilthey-Kritik auf zwei Punkte hinaus: Einerseits hält er Dilthey vor, dass sein Projekt einer »Kritik der historischen Vernunft«, das die methodische Unabhängigkeit von den Naturwissenschaften und damit die Autonomie der Geisteswissenschaften angesichts des

248 GW 1, S. 202.

249 Vgl. Gadamer, *Das Problem des historischen Bewußtseins*, S. 24 f., sowie GW 1, S. 181 und 245.

250 GW 1, S. 245; Gadamer, *Das Problem des historischen Bewußtseins*, S. 25.; vgl. GW 2, S. 322 f.)

Siegeszuges des naturwissenschaftlichen Geistes zum Ausgang des 19. Jahrhundert sichern sollte, von der »Abhängigkeit vom Methodenvorbild der experimentellen Naturwissenschaften geprägt und, wie wir heute wissen, auch behindert«[251] war. Dilthey rechtfertige die Geisteswissenschaften also, indem er sie in methodischer Hinsicht den Naturwissenschaften angleiche. Und andererseits kritisiert Gadamer, dass sich Diltheys »latenter Cartesianismus«[252] bzw. sein »erkenntnistheoretischer Cartesianismus, der ihn im Bann hielt«, als stärker erwies als seine lebensphilosophische Grundlegung der Geisteswissenschaften. Dilthey halte also wie René Descartes (1596–1650) an einer strengen Zweiteilung der Welt fest: die (objektive) Welt des Geistes (*res cogitans*) und die Welt der Dinge (*res extensa*) sowie an einer vom (weltlosen) Subjekt ausgehenden Erkenntnistheorie. Denn es sei dessen Absicht gewesen, trotz des Wissens um die Geschichtlichkeit die Objektivität der geisteswissenschaftlichen Erkenntnis nachzuweisen.[253] Dilthey halte damit den Anspruch des historischen Bewusstseins auf Objektivität in einer bedingten und begrenzten Seinsweise aufrecht.

Gadamer weist also auf eine Inkonsequenz im Zentrum von Diltheys Denken hin, die darin bestehe, dass seine Reflexionen zur Grundlegung der Geisteswissenschaften mit dessen lebensphilosophischen Ausgangspunkt nicht wirklich vereinbar seien. Darüber hinaus erkennt Gadamer bei Dilthey eine »Zwiespältigkeit [...] zwischen Idealismus

251 GW 2, S. 327 f.; vgl. S. 313.
252 Ebd., S. 22 f. und 25; vgl. GW 1, S. 241 ff.
253 Gadamer, *Das Problem des historischen Bewußtseins*, S. 18.

und Erfahrungsdenken«, und das bedeutet für ihn: eine Zwiespältigkeit zwischen Hegels spekulativer Geist-Metaphysik und John Stuart Mills (1806–1873) Positivismus und Abhängigkeit von der naturwissenschaftlichen Methodologie.[254]

Zweiter Hauptabschnitt

In einem zweiten Abschnitt (S. 8–13) referiert Gadamer Heideggers Auseinandersetzung mit dem Problem des hermeneutischen Zirkels in *Sein und Zeit*, um in einem dritten, abschließenden Absatz (S. 13–18) aus Heideggers Analyse des hermeneutischen Zirkels und der »Vor-Struktur« des Verstehens Konsequenzen zu ziehen, die sich zu einer eigenständigen Version einer Hermeneutik zusammenschließen, die Gadamer als »philosophische Hermeneutik« bezeichnet.

Gadamers These in diesem zweiten Abschnitt lautet, dass die Zirkelstruktur des Verstehens durch Heideggers Existenzialanalyse ihre »inhaltliche Bedeutung« zurückgewinnt. (S. 8) Gadamer stützt sich dabei auf den von ihm bereits eingeführten Paragraphen 32 »Verstehen und Auslegung« aus *Sein und Zeit*. Dort[255] entwickelt Heidegger die vier zentralen Thesen:

1. Der (hermeneutische) Zirkel darf nicht zu einem »vitiosum« herabgezogen, d. h. nicht als ein fehlerhafter bzw.

254 GW 1, S. 222 f.; vgl. auch GW 2, S. 387 f., 445, 463 ff., und Gadamers späten Aufsatz *Das Problem Diltheys. Zwischen Romantik und Positivismus*, in: GW 4, S. 406–424.

255 Heidegger 1972, S. 153.

mangelhafter Zirkel diskreditiert werden, denn in ihm verbirgt sich

2. »eine positive Möglichkeit ursprünglichsten Erkennens«. Heidegger plädiert also für eine entschiedene erkenntnistheoretische Aufwertung des Verstehenszirkels, da er die Möglichkeit eines ursprünglichen Erkennens enthält. Dieses ursprüngliche Erkennen kann allerdings nur dann in »echter Weise« ergriffen werden, wenn
3. die (verstehende) Auslegung begriffen hat, dass ihre »erste, ständige und letzte Aufgabe bleibt«, sich die für das Verstehen konstitutive »Vor-Struktur« des Verstehens, die in dem Zusammenspiel von »Vorhabe«, »Vorsicht« und »Vorgriff« besteht, nicht durch bloße, beliebige »Einfälle« und »Volksbegriffe«, d. h. gelernte, tradierte, eingeschliffene Denk-Üblichkeiten, vorgeben lässt. Vielmehr hat
4. die Auslegung die »Vor-Struktur« des Verstehens »aus den Sachen selbst her« und damit gut phänomenologisch das wissenschaftliche Thema der Auslegung zu sichern. Das bedeutet, wie Gadamer erläutert, dass ein methodisch angeleitetes Verstehen sich darum bemühen muss, sich seine Sinn-Antizipationen selber bewusst zu machen, um auf diese Weise Kontrolle zu gewinnen und auf diesem Wege »von den Sachen her« (S. 12) ein angemessenes Verständnis zu erzielen. Als Beispiel dafür zitiert Gadamer Heideggers Konkretisierung seiner allgemeinen Überlegungen zum Problem des hermeneutischen Verstehens an der von ihm in *Sein und Zeit* verfolgten »Seinsfrage«.

Der Zirkel, das unterstreicht Gadamer mit Heidegger, hat also einen »ontologisch positiven Sinn«. (S. 9) Er ist kein mangelhaftes Konstrukt, sondern vielmehr eine notwendige Bedingung jeder gelingenden Auslegung. Der Interpret muss sich also von der Sache, von der der Text spricht, bestimmen lassen. Dabei handelt es sich um keine einmal zu treffende Entscheidung, die auch anders hätte ausfallen können, sondern um eine fundamentale, jeweils neue Sinnentwürfe eröffnende und andauernde Aufgabe, die dem Interpreten immer wieder neu aufgegeben ist. Entscheidend ist für den Interpreten, nicht den Blick auf die Sache zu verlieren und sich durch von ihm ausgehende Beirrungen nicht von seinem auslegenden, durch die Sache selbst festgelegten Weg abbringen zu lassen.

Das Ergebnis, das Gadamer aus Heideggers Analyse des Verstehenszirkels zieht, besteht darin, dass der hermeneutische Zirkel in und durch Heideggers Analyse eine »ganz neue Bedeutung« gewinnt. Diese liegt im Unterschied zu der klassischen Behandlung der Zirkelproblematik – vor allem bei Schleiermacher – darin, dass Heidegger ein Bewusstsein dafür entwickelt, dass das Textverständnis vom Vorverständnis bestimmt wird. (S. 12) Diese radikal neue Beschreibung des hermeneutischen Zirkels durch Heidegger ist, wie Gadamer festhält, »nichts anderes als die Aufgabe der Konkretisierung des historischen Bewußtseins« (S. 13), denn damit wird gefordert, sich der eigenen Vormeinungen und Vorurteile bewusst zu werden, um den Prozess des Verstehens mit eben jener historischer Bewusstheit zu vollziehen, so dass die verstehende Erfassung des Anderen bzw. des historisch abständigen Textes mehr als die mitgeführten Vormeinungen erbringt.

In knappen Worten skizziert Gadamer den Prozess des Textverstehens: Wer einen Text zu verstehen sucht, vollzieht ein Entwerfen, wie er unter unausgesprochenem Rückgriff auf Heidegger ausdrückt: Der Auslegende entwirft in einem vorbereitenden Schritt den Sinn des ganzen Textes, sobald dieser einen ersten Sinn offenbart. Der zeigt sich allerdings nur deshalb, weil der Interpret den Text immer schon unter bestimmten Sinn-Vorerwartungen liest. Und genau daran zeigt sich die Zirkelstruktur des Verstehens. Entscheidend ist nun, dass dieser erste Sinnentwurf im Fortgang der Lektüre und der weiteren Erschließung des Sinns einer anhaltenden Revision so lange ausgesetzt ist, bis sich der Sinn des Textes bestimmter festlegen lässt. Textinterpretationen setzen also mit vorläufigen Vorbegriffen ein, die im Verlauf der Interpretation durch den Sinn angemessenere Begriffe abgelöst werden. Interpretation ist, wie Gadamer mit Heidegger zu zeigen versucht, charakterisiert durch dieses ständige Neu-Konzipieren und Revidieren von Sinnentwürfen, bis sich allmählich ein (vorläufig) gesicherter Sinn zeigt.

Aus dieser Analyse der Auslegung lassen sich für die Interpretation drei methodische Forderungen ableiten:

1. Da der Verstehende bestimmten Vormeinungen ausgesetzt ist, die sich nicht an den Sachen selbst bewähren, ist es die anhaltende Aufgabe des Verstehens, der Sache angemessene Entwürfe auszuarbeiten, also solche Sinnentwürfe zu konzipieren, die sich an den Sachen selbst zu bewähren haben. (S. 10) »Hermeneutische Objektivität«, so könnte man mit Gadamer sagen, liegt allein in der »Ausarbeitung der sich bewährenden Vormeinung«.

Hier wird allerdings ein entscheidendes Problem sichtbar, dem Gadamer in seinem Text keine Aufmerksamkeit schenkt: Wie nämlich bewährt sich die Vormeinung, wie bestätigen sich die Entwürfe an den Sachen selbst? Welche Kriterien helfen hier bei der Einschätzung? Dieses Problem scheint unlösbar, da es keine von der Interpretation unabhängige Möglichkeit gibt, die Sachen selbst zu sichern; es existieren in Gadamers Konzeption nämlich keine Kriterien für eine der Sache angemessene Interpretation als die (gelingende) Interpretation selbst (ohne dass dabei auch klar wäre, was letztlich unter einer ›gelingenden Interpretation‹ zu verstehen wäre).

2. Der Auslegende darf sich außerdem nicht unmittelbar unter dem Einfluss der in ihm herrschenden Vormeinung dem Text zuwenden, sondern hat die in ihm wirkende Vormeinung explizit »auf ihre Legitimation«, d.h. auf ihre »Herkunft und Geltung« zu prüfen. (S. 10)

Diese beiden Forderungen muss man sich, so Gadamer, als »die Radikalisierung eines Verfahrens denken, das wir in Wahrheit immer anwenden«. (S. 10) Denn die Voraussetzung dafür, Gesagtes oder Geschriebenes zu verstehen, besteht eben nicht darin, keine Vormeinungen an den Inhalt heranzutragen oder all seine eigenen Meinungen zu vergessen oder zu unterdrücken.

Der von Gadamer formulierte Maßstab der Interpretation besteht darin, auf das zu hören, was der andere oder der Text uns wirklich sagt bzw. sagen will. Wenn man so sehr von den eigenen Vormeinungen beherrscht ist, dass die Stimme des anderen oder des Textes nicht zu einem durchdringt, man also konsequent an dem vorbeihört, was der andere oder der Text in Wirklichkeit sagt, wird man kein echtes Verständnis des jeweiligen Inhaltes entwickeln können. Die hermeneutische Aufgabe geht insofern »von selbst in eine sachliche Fragestellung über und ist von dieser immer schon mitbestimmt«. (S. 11) Und diese Fragestellung, durch die Gadamer zufolge die hermeneutische Bemühung festen Boden unter den Füßen gewinnt, heißt: Was ist die Meinung des Textes, was hat er mir zu sagen?

3. An dritter Stelle steht daher die Forderung nach – so könnte man sagen – hermeneutischer Offenheit: Wer einen Text verstehen will, muss bereit und offen sein, sich von dem Text etwas sagen zu lassen. Voraussetzung dafür ist die vorgängige Empfänglichkeit für die Andersheit des Textes, und diese Sensibilität setzt »weder eine sachliche ›Neutralität‹ noch gar Selbstauslöschung voraus«, sondern vielmehr die »abhebbare Aneignung der eigenen Vormeinungen und Vorurteile«. (S. 11) Dazu muss sich der Interpret der eigenen Voreingenommenheit bewusstwerden, damit sich der Text selbst in seiner Andersheit präsentieren kann. Nur so gewinnt er die Möglichkeit, seine eigene sachliche Wahrheit gegen die Vormeinung des Interpreten zur Geltung zu bringen.

Hier offenbart sich allerdings ein weiteres fundamentales Problem: Wie soll man sich der eigenen Voreingenommenheit überhaupt bewusst werden? Eine Lösung für dieses Problem bietet Gadamer in seinem Aufsatz nicht an. Man kann allerdings sagen, dass diese so geforderte Empfänglichkeit offenbar nicht methodisch zu entwickeln ist, sondern etwas mit einer gewissen intuitiven Empfindsamkeit zu tun hat, die ebenso wenig wie etwa die Musikalität lehrbar bzw. erlernbar ist.

Dritter Hauptabschnitt

Im letzten, dritten und umfangreichsten Teil seines Aufsatzes (S. 13–18) entwickelt Gadamer in Ergänzung zu Heideggers Bestimmung des inhaltlichen, nicht bloß methodischen Sinns des hermeneutischen Zirkels von Teil und Ganzem weitergehende Grundbegriffe seiner eigenen hermeneutischen Theorie. Diese hermeneutischen Grundkonzeptionen oder Leitbegriffe, die er in *Wahrheit und Methode* ausführlicher entwickelt und durch weitere Schlüsselbegriffe ergänzt, sind »Vorgriff der Vollkommenheit« sowie »Zugehörigkeit«, »Zeitenabstand« und »Wirkungsgeschichte«.

»Vorgriff der Vollkommenheit«

Mit dem Begriff »Vorgriff der Vollkommenheit« bezeichnet Gadamer eine an sich triviale Grundvoraussetzung des Verstehens, die darin liegt, »daß nur das verständlich ist, was wirklich eine vollkommene Einheit von Sinn darstellt«. (S. 13) Diese Voraussetzung ist bei jeder Textlektüre leitend, d. h., der Leser eines Textes liest seinen Text in der Erwartung, dass er sinnvoll ist und dieser Sinn durch seine Lektüre erschlossen werden kann. Wird diese Erwartung enttäuscht, offenbart der Text also keine Sinnganzheit. Ist er dadurch unverständlich, treten die Hermeneutik oder die Textkritik, die die Provenienz, Genese oder Überlieferung von Texten kritisch untersucht, in Aktion.

Dieser Vorgriff der Vollkommenheit erweist sich, so Gadamer, »als ein jeweils inhaltlich bestimmter«: (S. 13) Es gibt nicht nur die vorausgesetzte, dem Text zugeschriebene ›immanente Sinneinheit‹, an der sich das Lektüreverständnis des Textes orientiert, sondern die Lektüre wird auch von ›transzendenten Sinnerwartungen‹ (hier: die textimmanenten Sinnerwartungen übersteigenden) angeleitet, die vom Leser ausgehen und die ihren Ursprung in seinem Verhältnis zur Wahrheit des Gehalts bzw. des vom Autor im Text Gemeinten haben.

Gadamer verdeutlicht dies an dem alltäglichen Fall einer Brieflektüre. Die im Brief enthaltenen Informationen werden gleichsam unmittelbar vom Leser des Briefes aufgenommen und verstanden, indem er das Mitgeteilte für wahr (etwa vertrauenswürdig, verbindlich oder gültig) hält. Dabei spielt die Meinung des Briefschreibers als solche (zunächst) keine Rolle. Auch Texte der Überlieferung werden, wie Gadamer ausführt, auf der Basis von Sinnerwartungen verstanden, die ihren Ursprung in unserem eigenen Verhältnis zur verhandelten Sache haben. Dabei müssen wir als Verstehende oder Interpretierende allerdings stets bereit sein, die Möglichkeit anzuerkennen, dass der überlieferte Text es »besser weiß«, als unsere eigene Vormeinung bereit ist, einzuräumen. Versteht man allerdings die sachliche Wahrheit des Geschriebenen nicht bzw. akzeptiert ihn nicht, entsteht das Bedürfnis, den Text als die (bloße) Meinung des Autors psychologisch oder historisch zu interpretieren.

Entscheidend ist der in diesen Ausführungen formulierte Grundsatz von Gadamers Hermeneutik: »Verstehen heißt primär: sich in der Sache verstehen, und erst sekundär: die Meinung des anderen als solche abheben und verstehen.« (S. 14) Verstehen zielt also zunächst auf ein Einverständnis in der Sache, von der ein Text spricht. Dieses Sachverständnis, das ›Zu-tun-haben mit der gleichen Sache‹, macht für

Gadamer die erste aller hermeneutischen Bedingungen aus. Die eigentliche Interpretation der Autormeinung ist erst ein abgeleitetes, letztlich sekundäres Unternehmen.

»Zugehörigkeit zur Tradition«

Eng verbunden mit dieser Problematik ist Gadamers Theorem von der »Zugehörigkeit zu einer Tradition«, die für seine Hermeneutik eine eminente Bedeutung besitzt. Verbundenheit mit der Tradition bezeichnet die »Gemeinsamkeit grundlegender und tragender Vorurteile«. (S. 15)

Dabei kommen im hermeneutischen Vollzug des Verstehens zwei Momente ins Spiel: Einerseits gilt, dass derjenige, der einen Text verstehen will, mit der Sache, die in dem zu verstehenden Text zur Sprache kommt, über die gemeinsam geteilte Tradition verbunden sein muss. Andererseits ist evident, dass der Interpret sich mit dieser Sache (in der Regel) nicht in einer Situation fragloser und unbezweifelter Zusammengehörigkeit befindet, wie es für den Fall einer ungebrochen und selbstverständlich fortwirkenden Tradition zutrifft.

Der Verstehende befindet sich somit in einer Spannung zwischen Nähe zum und Distanz gegenüber dem überlieferten Text. Eine solche »Polarität von Vertrautheit und Fremdheit« (S. 15) definiert die Aufgabe und den Ort der Hermeneutik. Aber anders als in Schleiermachers hermeneutischem Ansatz wird die Aufgabe der Hermeneutik bei Gadamer nicht mehr psychologisch, sondern, wie er meint, ›wahrhaft hermeneutisch‹, d. h. mit Blick auf die Sprache verstanden, durch die die Überlieferung den Verstehenden anspricht.

Die Überlieferung zeigt uns ein Doppelgesicht von Fremdheit und Vertrautheit, sie steht zwischen den Polen »fremd« und »vertraut«. In dieser Zwischenstellung zwischen einem bloß historisch wahrgenommenen, auf Distanz gehaltenen Objekt und einer unhinterfragten, selbstverständlich gelebten Zugehörigkeit zu einer Tradition liegt folglich der ›wahre Ort der Hermeneutik‹. Das Verhältnis des Verstehenden zur Tradition ist durch diese Zwischenstellung definiert: Er verfügt nicht wie der Historiker über die Tradition als ein Objekt, auf das sich sein Forschungsinteresse richtet, aber er ist auch nicht Teil einer fraglos geltenden Tradition.

»Zeitenabstand«

Aus dieser so geschilderten Zwischenstellung des Interpreten zur Überlieferung, die den eigentlichen Ort der Hermeneutik markiert, zieht Gadamer eine für seine Hermeneutik wesentliche, radikale Konsequenz: Aus der Zwischenstellung folgt nämlich, dass der bislang in den hermeneutischen Theorien vernachlässigte »Zeitenabstand« zu ihrem Zentrum wird, der in seiner Bedeutung für das Verstehen neu bewertet werden muss. Im Kern bedeutet diese Neubewertung, dass die Zeit nicht mehr als ein zu überbrückender Abgrund, der uns von dem zu verstehenden Text trennt und distanziert, gesehen wird. Sie ist, wie Gadamer nicht ohne Emphase schreibt, »in Wahrheit der tragende Grund des Geschehens, in dem das gegenwärtige Verstehen wurzelt«. (S. 15)

In diesem Zusammenhang polemisiert Gadamer gegen den Historismus, dessen, für ihn »naive Voraussetzung«

darin besteht, sich in den Geist vergangener Zeiten, in ihre Vorstellungsweisen und Begrifflichkeiten dadurch zu versetzen, dass er meint, seine eigenen Meinungen und Begriffe aus dem Verstehensprozess heraushalten zu können, um auf diese Weise eine Art »historischer Objektivität« zu erreichen. (S. 16) Gadamer denkt hier sicher vor allem an den prominentesten Vertreter des Historismus, den Historiker Leopold von Ranke (1795–1886), der meinte: »Ich wünschte mein Selbst gleichsam auszulöschen, und nur die Dinge reden [...] zu lassen.«[256] Diese Selbstauslöschung der eigenen Subjektivität sollte es dem Historiker ermöglichen, bloß zu sagen, »wie es eigentlich gewesen« ist,[257] sollte ihm also eine vollkommene, vom Einfluss der Gegenwart ungetrübte historische Objektivität garantieren. Ein solches von Ranke postuliertes Absehen von sich selbst, ein Selbstauslöschen, um in und mit den Begriffen und Vorstellungen der Vergangenheit das historische Geschehen zu vergegenwärtigen, bezeichnet Gadamer entsprechend als »Naivität des historischen Objektivismus«. (S. 18)

Solchen Versuchen, eine Objektivität durch Überwindung des Zeitenabstandes zu gewinnen, setzt Gadamer seine eigene Auffassung entgegen, dass der ›Abstand der Zeit‹, der ausgefüllt werde durch die »Kontinuität des Herkommens und der Tradition, in deren Lichte uns alle Überlieferung sich zeigt«, als »positive und produktive Möglichkeit des Verstehens« verstanden werden muss. (S. 16)

Diese auf den ersten Blick unplausible These wird einleuchtender, wenn man das von Gadamer angeführte Bei-

256 Ranke 1870, S. 103.
257 Ranke 1824, VI.

spiel berücksichtigt. Es ist zweifellos richtig, dass es schwierig ist, sich in ein angemessenes Verhältnis zu zeitgenössischen literarischen oder künstlerischen Hervorbringungen zu setzen, weil man in der Regel solchen Produkten mit uneingestandenen und unkontrollierbaren Vorurteilen gegenübertritt. Auf der anderen Seite lässt sich beobachten, dass es deutlich leichter fällt, solche Werke zu beurteilen und zu verstehen und ihre wahre Bedeutung anzuerkennen, wenn durch die zeitliche Distanz die momentanen aktuellen Bezüge in den Hintergrund treten und die möglichst authentische Gestalt des Werks erkennbar wird.

Der Zeitenabstand leistet insofern eine »Herausfilterung des wahren Sinnes« (S. 16), der in einem literarischen oder künstlerischen Werk verborgen ist, »er läßt« insofern, wie Gadamer zusammenfassend formulieren kann, »die Vorurteile absterben, die partikularer Natur sind, und diejenigen hervorkommen, die ein wahrhaftes Verstehen ermöglichen«. (S. 16)

Der Zeitenabstand erweist sich damit als ein wesentliches Konzept in Gadamers philosophischer Hermeneutik, denn oft gelingt durch den Zeitenabstand, was für ein erfolgreiches Verstehen entscheidend ist, nämlich wahre von falschen Vorurteilen zu unterscheiden. Gadamer fordert von der Hermeneutik daher, die Vorurteile, die das Verstehen leiten, bewusst zu machen, damit die Überlieferung, die verstanden werden soll, sich abheben und zur Geltung bringen kann.

Dieser schwierige Prozess, der darin besteht, sich der Vorurteile bewusst zu werden, die das eigene Verstehen bestimmen, kann nicht erfolgreich sein, solange diese Vorurteile weiterhin aktiv sind. Ein Vorurteil »vor mich zu bringen« kann, so Gadamer, nur dann gelingen, wenn es »sozusagen gereizt« wird. (S. 17) »Gereizt« wird das Vorurteil durch die »Begegnung mit der Überlieferung«. (S. 17) Diese Überlieferung verlockt, sie reizt zum Verstehen, weil sie sich selber zuvor in ihrem Anderssein zur Geltung gebracht hat. Verstehen beginnt, wie Gadamer auch in *Wahrheit und Methode* anführt,[258] damit, dass uns etwas anspricht. Dies sei »die oberste aller hermeneutischen Bedingungen«, und gefordert sei damit eine »grundsätzliche Suspension der eigenen Vorurteile«. (S. 17)

Diese letzte Forderung ist allerdings problematisch bzw. scheint Gadamers eigener Theorie zu widersprechen, hatte er doch zuvor von wahren und falschen Vorurteilen gesprochen und festgehalten, dass ein Verstehen nicht möglich sei, ohne sich auf die eigenen Vorurteile zu beziehen und sich von ihnen abzusetzen. Darüber hinaus erinnert die, auch in *Wahrheit und Methode* erhobene,[259] Forderung einer grundsätzlichen Aushebelung bzw. »Suspension der eigenen Vorurteile« an die zuvor von ihm zurückgewiesene Position der Aufklärung bzw. des Historismus. Wenn mit Suspension die Aufhebung, also die Eliminierung der Vorurteile gemeint ist, wäre diese nichts anderes als die vorher kritisierte und abgewiesene Selbstauslöschung. Oder sollte mit dem Begriff Suspension bloß die kritische Infragestellung gemeint sein? Dann wäre die in *Wahrheit und Methode* verwendete Formulierung »abhebende Aneignung der eigenen Vormeinungen«[260] wesentlich plausibler – aller-

258 Vgl. GW 1, S. 304.
259 Vgl. ebd.
260 Ebd., S. 274.

dings nur unter der Bedingung, dass es tatsächlich möglich ist, sich die eigenen Vormeinungen so anzueignen.

Gadamers Position ist an dieser Stelle nicht konsistent. Außerdem wird nicht deutlich, wie die hermeneutisch geforderte Unterscheidung zwischen wahren, d. h. ein rechtes Verstehen ermöglichenden, und falschen, d. h. kein angemessenes Verstehen ermöglichenden, Vorurteilen praktisch getroffen werden kann. Unabhängig davon bliebe zu fragen, wie eine solche problematische »Suspension der eigenen Vorurteile« überhaupt gelingen könnte.

Die Suspension von Vorurteilen besitzt, so Gadamer, in logischer Hinsicht die Struktur einer Frage, denn die Aufhebung eines Vorurteils stellt die Konsequenz seiner Infragestellung in Konfrontation mit einer anderen Meinung oder einem Text dar. Das Wesen der Frage besteht darin, Möglichkeiten zu eröffnen oder offenzuhalten. Das bedeutet allerdings nicht, dass das Fraglich-werden eines Vorurteils dazu führt, dass es kurzerhand abgelöst und durch ein anderes ersetzt wird, das nun in Geltung tritt. Das eigene Vorurteil soll nicht stillschweigend verabschiedet, sondern in Konfrontation mit anderen Meinungen oder Texten seinerseits auf den Prüfstand gestellt werden. Wie Gadamer etwas pointiert im Heidegger-Jargon formuliert, wird es »dadurch recht eigentlich ins Spiel gebracht, daß es selber auf dem Spiele steht. Nur indem es sich ausspielt, spielt es sich mit dem anderen so weit ein, daß auch dieses sich ausspielen kann.« (S. 18)

Die philosophische Hermeneutik Gadamers fordert eine solche beständige und nachvollziehbare Konfrontation der eigenen Vorurteile mit den Sichtweisen der Anderen bzw. der zu interpretierenden Texte. Ein gegenseitiges In-Stellung-bringen und Ausspielen dient der Identifizierung und Klärung der jeweiligen Standpunkte. Der Hermeneutiker weiß (im günstigsten Fall) um seine Vorurteile, kennt seine Positionierung an einer bestimmten Raum-Zeit-Stelle und setzt seine von ihm als solche erkannten Vorurteile aufs Spiel, indem er sie dem Anderen gegenüberstellt und mit diesem kollidieren lässt.

Wie Gadamer kritisiert, besteht die Naivität des Historismus (den er in diesem Text wie auch später in *Wahrheit und Methode* zu einem Hauptgegner der philosophischen Hermeneutik erklärt) darin, dass er eine solche Reflexion auf die eigene Standortgebundenheit verweigert und daher »seine eigene Geschichtlichkeit vergißt«. (S. 18) Dagegen hat ein wahrhaft historisches Denken die eigene Geschichtlichkeit immer mitzudenken und muss die Idee aufgeben, es könnte (im Vertrauen auf eine bewährte historische Methodik) ein historisches Objekt geben, das wie die Objekte der Naturwissenschaften zum Gegenstand fortschreitender Forschung werden könnte. Diese Vorstellung sei ein »Phantom«. (S. 18) Echte historische Betrachtung wird vielmehr in diesem Objekt »das Andere des Eigenen und damit das Eine wie das Andere erkennen lernen«. (S. 18) Mit anderen Worten: Der wahre historische Gegenstand ist kein Gegenstand, sondern muss als eine Einheit ›dieses Einen und Anderen‹ begriffen werden. Es geht also um ein »Verhältnis, in dem die Wirklichkeit der Geschichte ebenso wie die Wirklichkeit des geschichtlichen Verstehens besteht«. (S. 18) Eine »sachangemessene Hermeneutik« (S. 18) muss diese »Wirklichkeit der Geschichte« im Verstehen selbst aufweisen.

»Wirkungsgeschichte«

Den so geforderten Nachweis der Wirklichkeit der Geschichte im Verstehen bezeichnet Gadamer mit dem Begriff der »Wirkungsgeschichte« (S. 18), die nicht mit der beispielsweise in den Literaturwissenschaften erforschten Rezeptionsgeschichte bestimmter literarischer Werke verwechselt werden darf. Verstehen ist daher, so seine abschließende These, ein »wirkungsgeschichtlicher Vorgang«. (S. 18)

Gadamer beendet seinen kurzen Text mit einem Hinweis auf die »allem Verstehen zukommende Sprachlichkeit« (S. 18), mit dem er auf den dritten Teil von *Wahrheit und Methode* voraus weist, denn er wird dieses Werk mit einem ebenso berühmt gewordenen wie rätselhaften und auslegungsbedürftiges Zitat beenden: *»Sein, das verstanden werden kann, ist Sprache«*.[261]

Internationale Rezeption

Gadamers Entwurf einer philosophischen Hermeneutik, in dessen Zentrum der »hermeneutische Zirkel« steht, löste nach der Veröffentlichung seines Aufsatzes *Vom Zirkel des Verstehens*, vor allem aber nach der Publikation von *Wahrheit und Methode* eine bis heute nicht abgeschlossene, breite internationale Diskussion aus. Während Vertreter einer traditionellen Hermeneutik wie der italienische Rechtswissenschaftler und Philosoph Emilio Betti (1890–1968) an der konstitutiven Bedeutung des »hermeneutischen Zirkels« für den Prozess der Interpretation von Texten festhielten,[262]

261 GW 1, S. 478.
262 Vgl. Betti 1967, S. 220 ff.

machten analytische bzw. neopositivistische, d. h. einheitswissenschaftliche und am Methodenideal der Naturwissenschaften orientierte Wissenschaftstheoretiker erhebliche Bedenken gegen den Begriff und das Modell des Zirkels geltend. Besonders einschlägig sind in diesem Zusammenhang die kritischen Analysen des österreichischen Philosophen, Logikers und Wissenschaftstheoretikers Wolfgang Stegmüller (1923–1991), der von 1958 bis 1990 Ordinarius für Philosophie in München war,[263] und Heide Göttners (*1941) Münchener Dissertation *Logik der Interpretation*.[264]

Beide vertreten die These einer methodologischen Einheit aller empirischen Wissenschaften und nähern sich dem Problemkreis des »hermeneutischen Zirkels« mit dem Instrumentarium der analytischen Methodologie. Stegmüller äußert in seinem Aufsatz die Überzeugung, dass bei der üblichen Bezeichnung »der Zirkel des Verstehens« alles falsch sei:

> Der *bestimmte Artikel* ist unangebracht, weil es sich nicht um *ein* bestimmtes, scharf umrissenes Phänomen handelt; der Ausdruck »*Verstehen* « ist fehl am Platz, weil der »Zirkel des Verstehens« nichts für irgendeine Form des Verstehens Spezifisches ist; und auch die Verwendung des Wortes »*Zirkel*« ist falsch, weil der »Zirkel des Verstehens« nichts mit einem Zirkel zu schaffen hat.[265]

Göttner kommt zu einem ähnlichen Ergebnis, wenn sie feststellt, dass es doch gar keinen methodologischen Zirkel

263 Stegmüller 1972, S. 27–86. – Vgl. auch Stegmüller 1983, S. 414–429.
264 Göttner 1973, S. 131–178.
265 Stegmüller 1972, S. 29.

gebe und der Zirkel-Begriff von den Hermeneutikern missbräuchlich gehandhabt werde. Die von diesen vertretene These, dass die Geisteswissenschaften im Verhältnis zu den Naturwissenschaften eine grundsätzliche methodische Sonderstellung einnehme sei damit haltlos (in diesem Punkt stimmen Stegmüller und Göttner überein).

5. Von der ›traditionellen‹ zur ›philosophischen‹ Hermeneutik – die Grundkonzeptionen von Gadamers hermeneutischer Philosophie

Im Jahr nach der Veröffentlichung seines Aufsatzes über den hermeneutischen Zirkel erschien Gadamers lang erwartetes Hauptwerk zur philosophischen Hermeneutik. Die in der Kurzfassung des Aufsatzes skizzierten Grundgedanken seiner Hermeneutik fanden in der umfassenden Konzeption von *Wahrheit und Methode*, die im Folgenden in gebotener Kürze vorgestellt werden soll, ihren systematischen Ort.

Wahrheit und Methode

Wie Dieter Henrich, einer der engsten Schüler und intimsten Kenner von Gadamers Werk bemerkt, ist *Wahrheit und Methode* »nicht wirklich theoretisch durchgebildet« und in vielem »ein Ensemble von historisch-diagnostischen Untersuchungen«.[266] Der Vorwurf ist durchaus berechtigt,

266 »Was ist verläßlich im Leben«. Gespräch mit Dieter Henrich, in: Bormuth/Bülow 2008, S. 49.

denn dem bildungsgesättigten Buch fehlt in der Tat die systematische Stringenz von *Sein und Zeit*, bietet es doch keine direkte, konzise Entwicklung der Argumentation und wirkt historisch überfrachtet. Das Werk, das ersichtlich dem Zeitgeist um 1960 widerspricht, ist (ähnlich wie Diltheys Werke) als ein Protest gegen die Ansprüche der Naturwissenschaften zu verstehen, ein Monopol auf Wahrheit zu besitzen bzw. über die Garantie für Wahrheit überhaupt zu verfügen.

In *Wahrheit und Methode* bemüht sich Gadamer vor allem darum, seine ›philosophische Hermeneutik‹, wie er die philosophische Reflexion auf die Aufgabe der Hermeneutik, überlieferte Texte zu interpretieren, bezeichnet, auszuarbeiten. Er analysiert unter diesem Gesichtspunkt das Verstehen und die Interpretation klassischer Texte, und zwar vor allem in der Absicht, das »Moment der Tradition«[267] in der geisteswissenschaftlichen Hermeneutik zu seinem Recht zu bringen.

Neben der Entwicklung seiner philosophischen Hermeneutik verfolgt er auch eine kritische Absicht. Dabei werden nicht etwa Vertreter z. B. des Neopositivismus, des Kritischen Rationalismus oder der Frankfurter Schule, sondern vielmehr die ›traditionelle Hermeneutik‹ und die Hermeneutik des Historismus, d. h. in erster Hinsicht Schleiermacher und Dilthey, als Hauptgegner ausgemacht.[268] Ihm

267 GW 1, S. 286.

268 Vgl. Rodi 1990, S. 89–101, und Gadamers Entgegnung: *Die Hermeneutik und die Dilthey-Schule*, in: GW 10, S. 185–205. – In einer Anmerkung spricht Gadamer davon, dass seine Untersuchungen im Ganzen die »Überwindung der Hermeneutik des Historismus« anstreben. GW 1, S. 336, Anm. 275.

geht es also auch um eine inner-hermeneutische Auseinandersetzung. Die traditionelle Hermeneutik mit ihren Hauptvertretern, die Gadamer vor allem in Schleiermacher und Dilthey ausmacht, ist in seinen Augen eine auf die reine Methodik der Interpretation reduzierte Hermeneutik: Sie habe »den Problemhorizont, in den das Verstehen gehört, in unangemessener Weise verengt«[269] und Schleiermacher die Hermeneutik »zu einer von allen Inhalten abgelösten Methode verselbständigt«.[270]

Keine Definition

Wenn man nun nach einer umfassenden, detaillierten und präzisen Definition dessen fragt, was Gadamer unter seiner philosophischen Hermeneutik konkret versteht, sieht man sich enttäuscht: Eine solche Definition findet sich auch in seinem Hauptwerk nicht, und eine solche zu formulieren, liegt auch nicht in seinem Interesse und würde letztlich auch der Art und Weise widersprechen, wie er seine Überlegungen argumentativ entwickelt. Eine genauere Bestimmung dieser Hermeneutik sieht sich vielmehr darauf verwiesen, die zahlreichen, in seinem Werk verstreuten Hinweise auf Ziel, Methode und Inhalt der philosophischen Hermeneutik, vor allem aber die »Grundzüge einer Theorie der hermeneutischen Erfahrung«, die Gadamer im zweiten Teil von *Wahrheit und Methode* vorlegt, heranzuziehen.

Die von Gadamer konzipierte philosophische Hermeneutik wendet sich zunächst strikt gegen den Methodolo-

269 GW 1, S. 265.
270 Ebd., S. 198.

gismus und Objektivismus der traditionellen Hermeneutik. Dabei nimmt sie die Impulse Heideggers auf, der in seiner in *Sein und Zeit* vorgelegten radikalen Analyse der Geschichtlichkeit des Daseins, die allerdings keine Theorie der Geisteswissenschaften sein will, gezeigt hat, dass Verstehen, so Gadamer, – die »Seinsart des Daseins« selbst ist:

> *Verstehen* ist nicht ein Resignationsideal der menschlichen Lebenserfahrung im Greisenalter des Geistes, wie bei Dilthey, es ist auch nicht, wie bei Husserl, ein letztes methodisches Ideal der Philosophie gegenüber der Naivität des Dahinlebens, sondern im Gegenteil *die ursprüngliche Vollzugsform des Daseins*, das In-der-Weltsein ist.[271]

Durch Heideggers im Zuge der Ausarbeitung seiner Fundamentalontologie gewonnene radikal neue Sicht auf das Verstehen, die Gadamer für die Entfaltung seiner philosophischen Hermeneutik fruchtbar zu machen sucht, zeigt sich:

> Der Begriff des Verstehens ist nicht mehr ein Methodenbegriff, wie bei Droysen. Verstehen ist auch nicht, wie in Diltheys Versuch einer hermeneutischen Grundlegung der Geisteswissenschaften, eine dem Zug des Lebens zur Idealität erst nachfolgende inverse Operation. Verstehen ist der ursprüngliche Seinscharakter des menschlichen Lebens selbst.[272]

Gadamers eigener Versuch, eine philosophische Hermeneutik zu entwickeln, geht daher nicht nur von den Geis-

271 Ebd., S. 264.
272 Ebd.

teswissenschaften als den geschichtlichen und »verstehenden« Wissenschaften, sondern auch von der Erfahrung der Kunst, aus (wie er in seiner *Selbstdarstellung* ausführt):

> Die begriffliche Hilfe für die so in die rechte Weite gestellte Problematik des »Verstehens« bot sich in Heideggers Entfaltung der existenzialen Struktur des Verstehens, die er ehedem »Hermeneutik der Faktizität«, Selbstauslegung des faktischen, das heißt, des sich vorfindlichen menschlichen Daseins genannt hatte.[273]

Gadamer versteht seine Hermeneutik elementar und unspezifisch als »philosophische Durchdringung der Phänomene des Verstehens«.[274] Die philosophische Hermeneutik ist damit »nicht selbst die Kunst des Verstehens, sondern die Theorie derselben«.[275] Anders als der Methodologismus und Objektivismus der Historie bringt sie sich »grundsätzlich zum Bewußtsein, daß der Erkennende mit dem, was sich ihm als sinnvoll zeigt und aufschließt, auf unauflösbare Weise zusammengehört«.[276] Eine philosophische Hermeneutik wird – so Gadamer – daher zu dem Ergebnis kommen, »daß Verstehen nur so möglich ist, daß der Verstehende seine eigenen Voraussetzungen ins Spiel bringt. Der produktive Beitrag des Interpreten gehört auf eine unaufhebbare Weise zum Sinn des Verstehens selber.«[277]

Eine genauere inhaltliche Kenntnis von Gadamers phi-

273 GW 2, S. 495.
274 Gadamer, *Hermeneutische Entwürfe*, S. 174.
275 GW 2, S. 23.
276 Ebd., S. 435.
277 Ebd., S. 109.

losophischer Hermeneutik ergibt sich durch den im Folgenden unternommenen Versuch, die Architektonik des Werks und des systematischen Zentrums von *Wahrheit und Methode*, in dem er die Grundbegriffe seiner Hermeneutik expliziert, herauszuarbeiten.

Das umfangreiche, zahlreiche historische, philosophie- und begriffsgeschichtliche Untersuchungen enthaltene Werk besteht aus drei Hauptteilen, deren systematischer Zusammenhang nicht sofort einsichtig wird. Diese Hauptteile thematisieren die Kunst, die Geisteswissenschaften und die Sprache.

Der Aufbau und die Teile von *Wahrheit und Methode*

Im ersten Teil des Buches, »Freilegung der Wahrheitsfrage an der Erfahrung der Kunst«, steht die ästhetische Erfahrung im Mittelpunkt. Eröffnet wird dieser Teil durch eine knappe Erinnerung an die Debatte um die methodologische Problematik der Geisteswissenschaften, die damit das Generalthema von *Wahrheit und Methode* vorgibt. Daran schließen sich Kapitel über die »Subjektivierung der Ästhetik durch die Kantische Kritik« und die Frage nach der Wahrheit der Kunst sowie Betrachtungen zur Ontologie des Kunstwerks an. Wichtig wird in diesem Zusammenhang Gadamers Kritik des »ästhetischen Bewußtseins«, weil es vom Wahrheitsanspruch der Kunst, den Gadamer nachdrücklich betont, absehe.

Der zweite, zentrale und besonders wirkungsmächtige Teil des Buches trägt den Titel »Ausweitung der Wahrheitsfrage auf das Verstehen in den Geisteswissenschaften«. Er besteht aus den beiden Abschnitten »Geschichtliche Vorbereitung« und »Grundzüge einer Theorie der hermeneutischen Erfahrung«. Dieser wesentliche Teil des Werks umfasst zum einen eine historische Übersicht, in der Gadamer den Weg von der romantischen Hermeneutik Schleiermachers bis zu Heideggers Entwurf einer hermeneutischen Phänomenologie darstellt, und zum anderen einen Teil, in dem er ausgehend von Heideggers Daseinsanalyse die Leitbegriffe und Grundkonzeptionen seiner philosophischen Hermeneutik entwickelt. Wichtig ist dabei – wie immer wieder von ihm betont wird –, dass er mit seinem Werk keine neue Methodenlehre der Geisteswissenschaften mit ausgearbeiteten Regeln zu entwerfen beabsichtige, sondern sein Anspruch vielmehr darin bestehe, eine philosophische Reflexion auf die Voraussetzungen des Verstehens zu entfalten.

Gadamer geht es ebenso wenig um eine Neuauflage des Methodenstreits von Verstehen und Erklären, der seit der Mitte des 19. Jahrhunderts zahlreiche Gelehrte beschäftigt hatte:

> Die hier gestellte Frage will etwas aufdecken und bewußt machen, was durch jenen Methodenstreit verdeckt und verkannt wird, etwas, was die moderne Wissenschaft nicht so sehr begrenzt oder einschränkt, als vielmehr ihr vorausliegt und sie zu ihrem Teile möglich macht.[278]

Deshalb werden in seiner Untersuchung geisteswissenschaftliche Methoden explizit gar nicht thematisiert. Er

278 Ebd., S. 439.

stellt vielmehr die philosophische Frage, wie Verstehen möglich ist.

Der Grundgedanke dieser explizit »philosophischen« und nicht methodischen Hermeneutik lautet: Das geisteswissenschaftliche Verstehen, die Interpretation von Texten der Tradition ist, wie er in Anspielung auf den alten, verworfenen Titel des Buches schreibt, keine Handlung eines autonomen Subjekts, das einem Objekt, dem Text, gegenübersteht, sondern vielmehr ein »Geschehen«. Gadamer will mit seinen Untersuchungen daher nachweisen, »wieviel *Geschehen* in allem *Verstehen* wirksam ist und wie wenig durch das moderne historische Bewußtsein die Traditionen, in denen wir stehen, entmächtigt sind«.[279] In diesem Verstehensprozess erschließt sich der Sinn eines tradierten Textes daher durch das »Einrücken in ein Überlieferungsgeschehen«.[280] Gadamers Hermeneutik postuliert damit einen Vorrang der Tradition vor der Autonomie und Souveränität des interpretierenden Subjekts und leistet so auch einen Beitrag zur Entmachtung der Subjektivität.

Im dritten Teil von *Wahrheit und Methode*, »Ontologische Wendung der Hermeneutik am Leitfaden der Sprache«, entfaltet Gadamer die Grundrisse einer hermeneutischen Ontologie und expliziert und begründet seine These eines »Universalitätsanspruch der Hermeneutik«. Dieser Teil des Werks, der nicht so intensiv rezipiert wurde wie die anderen Abschnitte, ist, wie Gadamer selbst eingeräumt hat, begrifflich und argumentativ am wenigsten durchgearbeitet.

279 GW 1, S. 3.
280 Ebd., S. 295.

Ausgangspunkt von Gadamers Werk, das er als »Entwurf einer hermeneutischen Philosophie«[281] versteht, ist zwar die Tatsache der Geisteswissenschaften, wie sie sich im Laufe des 19. Jahrhunderts herausgebildet haben und die er als die »wahren Sachwalter des Humanismus«[282] bezeichnet, sowie ihr spezifisches Methodenbewusstsein. Er beschränkt seine Reflexion jedoch einerseits nicht auf die geisteswissenschaftliche hermeneutische Methodenlehre und will andererseits keine erkenntnistheoretische Grundlegung der Geisteswissenschaften vorlegen, wie es Dilthey mit seiner Fragment gebliebenen »Kritik der historischen Vernunft« geplant hatte. Gadamers Absicht ist es vielmehr, das Phänomen des Verstehens in seiner ganzen Fülle und vollen Tragweite zu thematisieren und es nicht einseitig auf ein Thema der Methodenlehre zu reduzieren:

> Das hermeneutische Phänomen ist ursprünglich überhaupt kein Methodenproblem. Es geht in ihm nicht um eine Methode des Verstehens, durch die Texte einer wissenschaftlichen Erkenntnis so unterworfen werden, wie alle sonstigen Erfahrungsgegenstände. Es geht in ihm überhaupt nicht in erster Linie um den Aufbau einer gesicherten Erkenntnis, die dem Methodenideal der Wissenschaft genügt – und doch geht es um Erkenntnis und um Wahrheit auch hier.[283]

281 GW 10, S. 149.
282 GW 1, S. 14.
283 Ebd., S. 1. Zum Begriff der Hermeneutik vgl. u. a.: *Klassische und philosophische Hermeneutik* (1968), GW 2, S. 92–117, *Hermeneutik* (1969), GW 2, S. 425–436, und *Hermeneutik als theoretische und praktische Aufgabe* (1978), GW 2, S. 301–318.

Diese Absicht unterstreicht er explizit im Vorwort zur zweiten Auflage (1965) von *Wahrheit und Methode* und in der aufschlussreichen Einleitung zum Werk. Es gehe ihm darum, »Erfahrung von Wahrheit, die den Kontrollbereich wissenschaftlicher Methodik übersteigt, überall aufzusuchen, wo sie begegnet und auf die ihr eigene Legitimation zu befragen.«[284] Beispiele für solche »Erfahrungsweisen, in denen sich Wahrheit kundtut, die nicht mit den methodischen Mitteln der Wissenschaft verifiziert werden kann«,[285] bieten die Geschichte der Philosophie, die Erfahrung der Kunst und die Geisteswissenschaften, »in denen unsere geschichtliche Überlieferung in allen ihren Formen zwar auch zum *Gegenstand* der Erforschung gemacht wird, aber zugleich selber *in ihrer Wahrheit zum Sprechen kommt*«.[286] Der Gang der folgenden Überlegungen und Analysen wird davon bestimmt:

> Die Erfahrung der geschichtlichen Überlieferung reicht grundsätzlich über das hinaus, was an ihr erforschbar ist. Sie ist nicht nur in dem Sinne wahr oder unwahr, über den die historische Kritik entscheidet – sie vermittelt stets Wahrheit, an der es *teil zu gewinnen* gilt.[287]

Ziele der Untersuchung

Gadamer sieht die Aufgabe seines Buches besonders darin, falsche Ansichten über die Geisteswissenschaften und ihr methodisches Selbstverständnis zu korrigieren. Indem er

284 GW 1, S. 1
285 Ebd., S. 2.
286 Ebd., S. 3.
287 Ebd.

von einer als verbindlich angenommenen Überlieferung ausgeht, will er zeigen, dass eine Kunstlehre des Verstehens eine trügerische Überlegenheit über die Tradition suggerieren würde. Es gilt vielmehr, so Gadamer, den Wahrheitsanspruch und die Überlegenheit der Tradition ernst zu nehmen. Verstehen in den Geisteswissenschaften ist also keine Handlung einer autonomen Subjektivität, sondern vielmehr ein Geschehen, in das die Verstehenden verstrickt sind. Damit hat Gadamer die in seinen Augen »grundsätzliche Frage, ob man sich dem Sinnanspruch unterwirft, den ein Werk stellt, oder in ihm bloß ein historisches Dokument erblickt, das man auszufragen sucht«,[288] eindeutig beantwortet.

In seiner Neujustierung der geisteswissenschaftlichen Methoden zeigt sich Gadamer also entscheidend von Heideggers Analyse des Verstehens in *Sein und Zeit* beeinflusst, mit der er zu zeigen versucht, dass Verstehen primär eine »Vollzugsform des Daseins« ist und erst sekundär eine Methode, die dem naturwissenschaftlichen »Erklären« gegenübersteht, wie es Dilthey in seiner Abhandlung *Ideen über eine beschreibende und zergliedernde Psychologie* (1894) scheinbar festgeschrieben hatte.[289] Vor diesem von Heidegger erhellten Hintergrund stellt sich der Problemkreis der geisteswissenschaftlichen Hermeneutik anders dar, als er in den bisherigen Methodendiskussionen verstanden worden war, und dies beeinflusst letztlich auch die Fragestellung von *Wahrheit und Methode*: »Der Heraus-

288 Ebd., S. 151.

289 Dilthey, »Ideen über eine beschreibende und zergliedernde Psychologie«, in: Dilthey (1900) 1974, S. 144: »Die Natur erklären wir, das Seelenleben verstehen wir.«

arbeitung dieser neuen Aspekte des hermeneutischen Problems ist die vorliegende Arbeit gewidmet.«[290]

Die Entwicklung einer philosophischen Hermeneutik in *Wahrheit und Methode*

Im zweiten, zentralen Teil des Buches, in dem er die »Grundzüge einer Theorie der hermeneutischen Erfahrung« entwickelt, arbeitet Gadamer nach einer vorbereitenden Kritik der ›romantischen‹ Hermeneutik Schleiermachers sowie der hermeneutisch-erkenntnistheoretischen Grundlegung der Geisteswissenschaften durch Dilthey die Leitbegriffe seiner eigenen philosophischen Hermeneutik aus, die man auch als eine Übersetzung von Heideggers existenzialer Analyse der Geschichtlichkeit des Daseins in Kategorien einer historisch-philologischen Hermeneutik lesen kann. Die wichtigsten und wirkungsreichsten dieser Schlüsselkonzeptionen bzw. Elemente von Gadamers philosophischer Hermeneutik sind die Rehabilitierung von Autorität, Tradition und Vorurteil, die Begriffe Vermittlung, Zugehörigkeit und Zeitenabstand, die Konzeptionen der Wirkungsgeschichte und der Horizontverschmelzung sowie der Gedanke der Applikation oder Anwendung. Im Folgenden soll nur auf die nicht im Aufsatz entwickelten Punkte eingegangen werden.

Ausgangspunkt von Gadamers Überlegungen ist Heideggers Neubewertung des hermeneutischen Zirkels im Zusammenhang seiner Analyse der »Vor-Struktur des Verstehens«. Gadamers Fragestellung in *Wahrheit und Metho-*

290 GW 1, S. 264.

de ist im Unterschied zu Heideggers Problemstellung, die auf die Lösung der »Seinsfrage« zielt, allerdings keine ontologische, sondern er versucht vielmehr die Frage zu lösen, wie die vom Objektivitätsanspruch der Wissenschaft entlastete Hermeneutik der »Geschichtlichkeit des Verstehens« gerecht werden kann.[291] Anders gesagt, fragt Gadamer nach den Konsequenzen, die Heideggers »grundsätzliche Ableitung der Zirkelstruktur des Verstehens aus der Zeitlichkeit des Daseins für die geisteswissenschaftliche Hermeneutik« hat.[292] Er versucht damit Heideggers Beschreibung des hermeneutischen Zirkels[293] und seine Herausarbeitung der »neue[n] grundsätzliche[n] Bedeutung, die die Zirkelstruktur hier gewinnt«,[294] für seine eigene Fragestellung fruchtbar zu machen. Dabei zeigt sich: Verstehen ist nur möglich, weil der Verstehende mit Vorentwürfen, die revidierbar sind, an den zu interpretierenden Text herantritt. Verstehen vollzieht sich also in einem Prozess beständigen Neu-Entwerfens und Verwerfens von Vormeinungen, d.h. von Sinnentwürfen. Ein schlichtes Lesen dessen, was dasteht, ist folglich eine Illusion, da alles Lesen – wie Gadamer zu zeigen versucht – durch die von Heidegger analysierte Vor-Struktur geprägt ist.

Die durch die Aufklärung betriebene und vom Historismus wiederholte »Diskreditierung der Vorurteile überhaupt«[295] muss folglich, wie Gadamer plausibel zu machen sucht, überwunden bzw. rückgängig gemacht werden. Die

291 Ebd., S. 270.
292 Ebd.
293 Vgl. ebd., S. 152 f.
294 Ebd., S. 270.
295 Ebd., S. 275; vgl. S. 276–280.

Rehabilitierung von Autorität und Tradition[296] wird damit für Gadamer zum entscheidenden Ansatz des hermeneutischen Problems und zum Dreh- und Angelpunkt, an dem sein Unternehmen einer philosophischen Hermeneutik in Gang kommt.[297]

Gegen Dilthey, der in *Wahrheit und Methode* viel deutlicher als im Aufsatz als Repräsentant des historischen Bewusstseins zum wichtigsten Antipoden wird, und dessen erkenntnistheoretischen Versuch einer Begründung der Geisteswissenschaften auf das »Erlebnis« und die Selbstbesinnung bringt Gadamer seine anti-aufklärerische Grundüberzeugung in kräftiger, metaphernreicher Sprache zum Ausdruck:

> In Wahrheit gehört die Geschichte nicht uns, sondern wir gehören ihr. Lange bevor wir uns in der Rückbesinnung selber verstehen, verstehen wir uns auf selbstverständliche Weise in Familie, Gesellschaft und Staat, in denen wir leben. Der Fokus der Subjektivität ist ein Zerrspiegel. Die Selbstbesinnung des Individuums ist nur ein Flackern im geschlossenen Stromkreis des geschichtlichen Lebens. *Darum sind die Vorurteile des einzelnen weit mehr als seine Urteile die geschichtliche Wirklichkeit seines Seins.*[298]

296 Vgl. ebd. S. 281–290.

297 Wie Gadamer selbst bemerkt, knüpfen seine Betrachtungen über die Bedeutung der Tradition im Übrigen an Heideggers Analyse der »Hermeneutik der Faktizität« an und suchten sie für eine geisteswissenschaftliche Hermeneutik fruchtbar zu machen. Vgl. GW 1, S. 314.

298 GW 1, S. 281.

»Autorität«, »Situation«, »Tradition«, »klassisch«

Im Zusammenhang dieser Überlegungen unternimmt Gadamer eine Neubewertung von Autorität. Zwar kann Autorität – wie er durchaus einräumt – auch Quelle von Vorurteilen, aber eben auch »Wahrheitsquelle« sein.[299] Gadamers Versuch einer Rehabilitierung von Autorität, der besonders heftig kritisiert wurde, geht nun davon aus, dass recht verstandene Autorität von Personen ihren letzten Grund »nicht in einem Akte der Unterwerfung und der Abdikation der Vernunft« besitzt, »sondern in einem Akt der Anerkennung und der Erkenntnis – der Erkenntnis nämlich, daß der andere einem an Urteil und Einsicht überlegen ist«.[300] Autorität wird nicht eigentlich verliehen, sondern erworben und muss immer erworben sein, wenn sie in Anspruch genommen wird. Sie beruht nämlich »auf Anerkennung und insofern auf einer Handlung der Vernunft selbst«.[301] Diese Passagen hat vor allem Habermas scharf kritisiert.[302]

Gadamer bejaht den Wert der Tradition jedoch nicht blind und unkritisch, sondern er erkennt zwischen der Tradition und der Vernunft keinen unbedingten Gegensatz, wie er von der Aufklärungskritik an der Tradition, aber auch von ihrem romantischen Rehabilitierungsversuch konstruiert wird:

299 Ebd., S. 283.
300 Ebd., S. 284.
301 Ebd.; vgl. S. 285.
302 Habermas, »Zu Gadamers ›Wahrheit und Methode‹«, in: HuI, S. 48.

> In Wahrheit ist in Tradition stets ein Moment der Freiheit und der Geschichte selber. Auch die echteste, gediegenste Tradition vollzieht sich nicht naturhaft dank der Beharrungskraft dessen, was einmal da ist, sondern bedarf der Bejahung, der Ergreifung und der Pflege. Sie ist ihrem Wesen nach Bewahrung [...]. Bewahrung aber ist eine Tat der Vernunft, freilich eine solche, die durch Unauffälligkeit ausgezeichnet ist.[303]

Die weiteren Überlegungen Gadamers sind davon geprägt, ob die Frage positiv beantwortet werden kann, »ob in der geisteswissenschaftlichen Hermeneutik das Moment der Tradition nicht grundsätzlich zu seinem Recht gebracht werden muß«, da sich die geisteswissenschaftliche Forschung »zu der Weise, wie wir als geschichtlich Lebende zur Vergangenheit uns verhalten, nicht in einem schlechthinnigen Gegensatz denken« lässt.[304] Mit dem Fortleben der Tradition teilt das geisteswissenschaftliche Verstehen eine »grundsätzliche Voraussetzung, nämlich, sich von der Überlieferung *angesprochen* zu sehen«, denn erst dann wird für die Gegenstände der Forschung ebenso wie für die Traditionsinhalte ihre Bedeutung erfahrbar.[305] Aus dieser Überlegung leitet Gadamer die Forderung ab, dass am Anfang aller historischen Hermeneutik »die *Auflösung des abstrakten Gegensatzes zwischen Tradition und Historie, zwischen Geschichte und Wissen von ihr stehen* [muß].«[306]

Er unterstreicht den entscheidenden Unterschied zwi-

303 GW 1, S. 286.
304 Ebd.
305 Ebd., S. 287.
306 Ebd.

schen Natur- und Geisteswissenschaften mit Nachdruck. Eine in Teilen sichtbare methodologische Affinität zwischen den beiden Wissenschaftsgruppen betrifft »nur eine untergeordnete Schicht der in den Geisteswissenschaften geleisteten Arbeit«.[307] Wesentlicher ist, dass bei den historischen Geisteswissenschaften das Forschungsinteresse, das sich auf die Überlieferung richtet – anders als bei den Naturwissenschaften – »durch die jeweilige Gegenwart und ihre Interessen in besonderer Weise motiviert«.[308] Das heißt: »Die geschichtliche Forschung ist mithin getragen von der geschichtlichen Bewegung, in der das Leben selbst steht, und läßt sich nicht teleologisch von dem Gegenstand her begreifen, dem ihre Forschung gilt«, da ein solcher »Gegenstand« an sich offensichtlich überhaupt nicht existiert.

Indem er den Begriff des Klassischen genauer untersucht,[309] der für die Klassische Altertumswissenschaft von essentieller Bedeutung ist und zu einem Leitbegriff seiner philosophischen Hermeneutik wird, versucht Gadamer, seinen hermeneutischen Leitbegriff der Vermittlung plausibel zu machen:

> Klassisch ist, was sich bewahrt, weil es sich selber bedeutet und sich selber deutet; was also derart sagend ist, daß es nicht eine Aussage über ein Verschollenes ist, ein bloßes, selbst noch zu deutendes Zeugnis von etwas, sondern das der jeweiligen Gegenwart etwas so sagt, als sei es eigens ihr gesagt. Was »klassisch« heißt, ist nicht

307 Ebd., S. 288.
308 Ebd., S. 289.
309 Vgl. bes. ebd., S. 290–295.

erst der Überwindung des historischen Abstandes bedürftig – denn es vollzieht selber in beständiger Vermittlung diese Überwindung.[310]

Diese Überlegung führt Gadamer zu einer entscheidenden These, die er in die folgende Frage kleidet: »Liegt am Ende solche geschichtliche Vermittlung der Vergangenheit mit der Gegenwart, wie sie den Begriff des Klassischen prägt, allem historischem Verhalten als wirksames Substrat zugrunde?«[311] Philosophische Hermeneutik im Sinne Gadamers bedeutet, nicht nur die geschichtliche Bedingtheit des zu verstehenden Geschehens, sondern auch die geschichtliche Bedingtheit des Verstehenden selbst zu erkennen bzw. anzuerkennen und der Reflexion auf die Voraussetzungen des Verstehens zugrunde zu legen. Dies führt ihn zur Formulierung einer zentralen, berühmt gewordenen These:

> *Das Verstehen ist selber nicht so sehr als eine Handlung der Subjektivität zu denken, sondern als Einrücken in ein Überlieferungsgeschehen*, in dem sich Vergangenheit und Gegenwart beständig vermitteln. Das ist es, was in der hermeneutischen Theorie zur Geltung kommen muß, die viel zu sehr von der Idee eines Verfahrens, einer Methode, beherrscht ist.[312]

Gadamers philosophische Hermeneutik ist insofern grundlegend geprägt von dem Gedanken, die Überlieferung dominiere über das verstehende Subjekt:

310 Ebd., S. 294 f.
311 Ebd., S. 295.
312 Ebd., S. 295; vgl. S. 298 und GW 2, S. 295.

> Die Vorurteile und Vormeinungen, die das Bewußtsein des Interpreten besetzt halten, sind ihm als solche nicht zu freier Verfügung. Er ist nicht imstande, von sich aus vorgängig die produktiven Vorurteile, die das Verstehen ermöglichen, von denjenigen Vorurteilen zu scheiden, die das Verstehen verhindern und zu Mißverständnissen führen. Diese Scheidung muß vielmehr im Verstehen selbst geschehen, und es ist die Aufgabe der Hermeneutik zu fragen, wie das geschieht.[313]

Gadamer expliziert diese Grundbedingung nun direkt am Modell des hermeneutischen Zirkels:

> Die Antizipation von Sinn, die unser Verständnis eines Textes leitet, ist nicht eine Handlung der Subjektivität, sondern bestimmt sich aus der Gemeinsamkeit, die uns mit der Überlieferung verbindet. Diese Gemeinsamkeit aber ist in unserem Verhältnis zur Überlieferung in beständiger Bildung begriffen.[314]

An diese grundsätzlichen Überlegungen schließen sich die Ausführungen zu zwei weiteren wichtigen hermeneutischen Theoremen an, die für die Rezeption von Gadamers philosophischer Hermeneutik von besonderer Bedeutung sind. Diese beiden Konzeptionen, die schon im Aufsatz *Zirkel des Verstehens* thematisiert wurden, sind einerseits die »hermeneutische Bedeutung des Zeitenabstandes«[315]

313 GW 1, S. 301.
314 Ebd., S. 298.
315 Ebd., S. 301–305.

und andererseits das »Prinzip der Wirkungsgeschichte«,[316] die hier aber nicht noch einmal näher betrachtet werden sollen.

Drei hermeneutische Grundsätze

Aus seinen Überlegungen leitet Gadamer drei fundamentale hermeneutische Grundsätze ab:

1. »Eine jede Zeit wird einen überlieferten Text auf ihre Weise verstehen müssen, denn er gehört in das Ganze der Überlieferung, an der sie ein sachliches Interesse nimmt und in der sie sich selbst zu verstehen sucht. Der wirkliche Sinn eines Textes, wie er den Interpreten anspricht, [...] ist immer auch durch die geschichtliche Situation des Interpreten mitbestimmt und damit durch das Ganze des objektiven Geschichtsganges«.
2. »Nicht nur gelegentlich, sondern immer übertrifft der Sinn eines Textes seinen Autor. Daher ist Verstehen kein nur reproduktives, sondern stets auch ein produktives Verhalten.«[317] Und das bedeutet auf der anderen Seite, dass der Geist des Autors, der »gemeinte« Sinn, die »mens auctoris«, »kein möglicher Maßstab für die Deutung eines Kunstwerks« darstellt,[318] wie Gadamer im Vorwort zur zweiten Auflage von *Wahrheit und Methode* mit Nachdruck gegen die vor allem von der romanti-

316 Ebd., S. 305–307, 367 und 460; vgl. auch GW 2, S. 10 f., 228, 247, 443 f. und 475.

317 GW 1, S. 301.

318 GW 2, S. 441; vgl. GW 2, S. 18 f. und 104 f. sowie GW 10, S. 134 f.

schen Hermeneutik und ihren Nachfolgern vertretene Auffassung festhält.

3. Und nun explizit gegen Schleiermacher: »Verstehen ist in Wahrheit kein Besserverstehen, weder im Sinne des sachlichen Besserwissens durch deutlichere Begriffe, noch im Sinne der grundsätzlichen Überlegenheit, die das Bewußte über das Unbewußte der Produktion besitzt. Es genügt zu sagen, daß man *anders* versteht, *wenn man überhaupt versteht.*«[319]

Die Zeit ist nach Gadamer also »nicht mehr primär ein Abgrund, der überbrückt werden muß, weil er trennt und fernhält, sondern sie ist in Wahrheit der tragende Grund des Geschehens, in dem das Gegenwärtige wurzelt. Der Zeitenabstand ist daher nicht etwas, was überwunden werden muß.«[320]

In einem Brief Gadamers vom 25. Februar 1962 an den befreundeten Philosophen Helmut Kuhn findet sich ein aufschlussreicher Hinweis auf die oft geäußerte Kritik, dass es unmöglich sei, wie es im wirkungsgeschichtlichen Bewusstsein eigentlich gefordert wird, die eigene Geschichtlichkeit mitzudenken:

> Die eigene Geschichtlichkeit mitdenken – warum soll daran etwas Unmögliches sein? Sie *erkennen* – das halte ich auch für unmöglich und sage es selbst oft genug: darin besteht geradezu das Wesen des Geschichtlich-Seins, *sich nicht* wissen zu können. Aber ist es eine leere Refle-

319 GW 1, S. 301 f.
320 Ebd., S. 302.

xion, das von sich zu wissen? Ich meine, es ist die *wirklichste*.[321]

»Situation« und »Horizontverschmelzung«

Neben dem Begriff der Wirkungsgeschichte und in enger Verbindung mit ihm steht in Gadamers Entwurf einer philosophischen Hermeneutik der der »Horizontverschmelzung«.[322] Er definiert die »Situation« als einen »Standort [...], der die Möglichkeiten des Sehens beschränkt«.[323]

Aufschlussreich sind seine Anmerkungen zum Wesen einer Situation aus einem von ihm verfassten Artikel *Geschichte und Geschichtsauffassung III. Geschichtsphilosophie* für das seinerzeit äußerst einflussreiche Nachschlagewerk *Religion in Geschichte und Gegenwart*:

> Eine führende Stellung im geschichtsphilosophischen Denken der Gegenwart hat aber vor allem der Begriff der Situation gewonnen. Im Begriff der Situation liegt ein Moment der Endlichkeit und der geschichtlichen Bedingtheit, dessen Anerkennung das ganze Problem der geschichtlichen Erkenntnis modifizieren muß. [...] Wenn dagegen [im Unterschied zur Wissenschaft] in der geschichtlichen Erkenntnis der Begriff der Situation bestimmende Bedeutung erhält, so kann das nicht nur bedeuten, daß eine derartig anonyme Objektivität, wie sie die Naturwissenschaft besitzt, unerreichbar ist, sondern es hat

321 Zit. nach: Grondin 1999, S. 325.

322 GW 1, S. 307–312 und 380, 383; vgl. auch GW 2, S. 475 und 351.

323 GW 1, S. 307.

> auch einen positiven Sinn. Jede Situation hat ihren Horizont, und die Weise, wie sich die Dinge von einer Situation aus darstellen, ist nicht beliebig, sondern hat im Gegenteil eine erhöhte Verbindlichkeit. Die Perspektiven, unter denen sich die Dinge zeigen, sind nicht Begrenzungen der Sicht, sondern gehören selbst der geschichtlichen Wirklichkeit an. Geschehen und Verstehen sind nicht im Gegenüber eines Objektes und eines Subjekts, sondern bilden die eine Wirklichkeit der G.[eschichte].[324]

Zum Wesen des Begriffs der Situation gehört für Gadamer der Begriff des »Horizontes«. Dabei bezeichnet der Horizont den »Gesichtskreis«, »der all das umfaßt und umschließt, was von einem Punkt aus sichtbar ist«. Mit dem Begriff des Horizontes kommt die jeweils unaufhebbare Gebundenheit des Sehens und auch des Verstehens, gleichsam die Horizontabhängigkeit des Verstehens, zum Ausdruck.[325]

Die Erörterung der Begriffe der (hermeneutischen) Situation und des Horizontes ermöglicht es ihm, gegen den Historismus bzw. historischen Objektivismus die grundsätzliche Pointe seines hermeneutischen Ansatzes in Stellung zu bringen: Verstehen, so wird deutlich, ist bei Gadamer kein Akt der Einfühlung, des Hineinversetzens in einen anderen oder einen fremden Standpunkt, sondern: »›Verstehen heißt zunächst, sich miteinander verstehen‹.

324 Gadamer, »Geschichte und Geschichtsauffassung III. Geschichtsphilosophie«, in: *Religion in Geschichte und Gegenwart*, Bd. 2, 3., völlig neu bearb. Aufl., Tübingen 1958, Sp. 1488–1496; hier: Sp. 1493 f.

325 GW 1, S. 307.

Verständnis ist zunächst Einverständnis.«[326] Im Falle des historischen Verstehens hat sich der Verstehende

> gleichsam aus der Situation der Verständigung zurückgezogen. Er selber ist nicht antreffbar. Indem man den Standpunkt des anderen von vornherein in das miteinrechnet, was er einem zu sagen beansprucht, setzt man seinen eigenen Standpunkt in eine sichere Unerreichbarkeit.[327]

So kann Gadamer behaupten: »Der Text, der historisch verstanden wird, wird aus dem Anspruch, Wahres zu sagen, förmlich herausgedrängt.« Denn:

> Indem man die Überlieferung vom historischen Standpunkt aus sieht, d.h. sich in die historische Situation versetzt und den historischen Horizont zu rekonstruieren sucht, meint man zu verstehen. In Wahrheit hat man den Anspruch grundsätzlich aufgegeben, in der Überlieferung für einen selber gültige und verständliche Wahrheit zu finden.[328]

Die vom historischen Bewusstsein behauptete hermeneutische Situation ist nach Gadamer folglich keine angemessene Beschreibung des hermeneutischen Phänomens, da unterstellt werde, dass es »hier zwei voneinander verschiedene Horizonte, den Horizont, in dem der Verstehende

326 Ebd., S. 183; vgl. S. 299.
327 Ebd., S. 308.
328 Ebd., S. 308 f.

lebt, und den jeweiligen historischen Horizont, in den er sich versetzt«, gebe.[329] Für Gadamer existieren keine geschlossenen, unabhängigen Horizonte:

> Wie der Einzelne nie ein Einzelner ist, weil er sich immer schon mit anderen versteht, so ist auch der geschlossene Horizont, der eine Kultur einschließen soll, eine Abstraktion. Es macht die geschichtliche Bewegtheit des menschlichen Daseins aus, daß es keine schlechthinnige Standortgebundenheit besitzt und daher auch niemals einen wahrhaft geschlossenen Horizont. Der Horizont ist vielmehr etwas, in das wir hineinwandern und das mit uns mitwandert.[330]

Und dies gilt in gleicher Weise für den Vergangenheitshorizont. Ebenso wie Gadamer die historistische Annahme zurückweist, es gäbe geschlossene Horizonte, bestreitet er die Behauptung, die Kunst des historischen Verstehens liege darin, zu lernen, sich in fremde Horizonte zu versetzen. Gegen diese durchaus verbreitete Auffassung bringt er vor:

> Wenn sich unser historisches Bewußtsein in historische Horizonte versetzt, so bedeutet das nicht eine Entrückung in fremde Welten, die nichts mit der eigenen verbindet, sondern sie insgesamt bilden den einen großen, von innen her beweglichen Horizont, der über die Grenzen des Gegenwärtigen hinaus die Geschichtstiefe unseres Selbstbewußtseins umfaßt. In Wahrheit ist es also

329 Ebd., S. 309.
330 Ebd.

> ein einziger Horizont, der all das umschließt, was das geschichtliche Bewußtsein in sich enthält. Die eigene und fremde Vergangenheit, der unser historisches Bewußtsein zugewendet ist, bildet mit an diesem beweglichen Horizont, aus dem menschliches Leben immer lebt und der es als Herkunft und Überlieferung bestimmt.[331]

Doch was heißt »Sichversetzen«?

> Gewiß nicht einfach: Von-sich-absehen. Natürlich bedarf es dessen insoweit, als man die andere Situation sich wirklich vor Augen stellen muß. Aber in diese andere Situation muß man sich selber gerade mitbringen. Das erst erfüllt den Sinn des Sichversetzens.[332]

Gadamer verdeutlicht dies an einem Beispiel: Wenn man sich in die Lage eines anderen Menschen zu versetzen sucht, dann wird man ihn erst dann wirklich verstehen lernen, wenn man *sich* in seine Lage versetzt:

> Solches Sichversetzen ist weder Einfühlung einer Individualität in eine andere, noch auch Unterwerfung des anderen unter die eigenen Maßstäbe, sondern bedeutet immer die Erhebung zu einer höheren Allgemeinheit, die nicht nur die eigene Partikularität, sondern auch die des anderen überwindet.[333]

331 Ebd., S. 309 f.
332 Ebd., S. 310; vgl. S. 387–390.
333 Ebd., S. 310.

Eine Überlieferung zu verstehen, bedeutet daher nicht, sich in eine historische Situation zu versetzen, um einen historischen Horizont zu gewinnen. Es ist vielmehr im Gegenteil so, dass man immer schon Horizont haben muss, um sich in eine solche historische Situation versetzen zu können.

Diese von ihm postulierte »Erhebung zu einer höheren Allgemeinheit« bringt Gadamer in Bezug auf das Verstehen der Überlieferung bzw. der Vergangenheit durch seinen wichtigen, aber oft missverstandenen Begriff der »Horizontverschmelzung« zum Ausdruck. Er war bei der Analyse der hermeneutischen Situation zu dem Schluss gekommen, dass sie durch die Vorurteile geprägt wird, die wir als Verstehende mitbringen. Diese bilden, so Gadamer, den »Horizont einer Gegenwart«, d. h. »sie stellen das dar, über das hinaus man nicht zu sehen vermag«.[334] Allerdings weist Gadamer den Gedanken als einen Irrtum zurück, dass der Horizont der Gegenwart durch einen »festen Bestand von Meinungen und Wertungen« begrenzt und bestimmt wird, von dem sich die »Andersheit der Vergangenheit« dagegen gleichsam »wie gegen einen festen Grund« abhebt. Der Horizont der Gegenwart ist vielmehr versatil, beweglich, d. h. in »steter Bildung begriffen«, wozu auch seine Begegnung und Auseinandersetzung mit der Vergangenheit und das Verstehen der Überlieferung, der wir entstammen, entscheidend beiträgt. Daher kann Gadamer formulieren:

> Der Horizont der Gegenwart bildet sich also gar nicht ohne die Vergangenheit. Es gibt so wenig einen Gegen-

334 Ebd., S. 311.

> wartshorizont für sich, wie es historische Horizonte gibt, die man zu gewinnen hätte. *Vielmehr ist Verstehen immer der Vorgang der Verschmelzung solcher vermeintlich für sich seiender Horizonte.*[335]

Die Verschmelzung der Horizonte von Vergangenheit und Gegenwart mache nun »das Wesen des Verstehens« aus.

Angesichts der Tatsache, dass es voneinander klar abgegrenzte Horizonte nicht geben kann, rechtfertigt Gadamer den Begriff der Horizontverschmelzung damit, dass die Aufgabe für den Verstehenden darin besteht, die Situation, in der sich der Verstehende befindet, also die hermeneutische Situation, erst auszuarbeiten. Und das bedeutet:

> Jede Begegnung mit der Überlieferung, die mit historischem Bewußtsein vollzogen wird, erfährt an sich das Spannungsverhältnis zwischen Text und Gegenwart. Die hermeneutische Aufgabe besteht darin, diese Spannung nicht in naiver Angleichung zuzudecken, sondern bewußt zu entfalten. Aus diesem Grunde gehört notwendig zum hermeneutischen Verhalten der Entwurf eines historischen Horizontes, der sich von dem Gegenwartshorizont unterscheidet.[336]

Dabei muss allerdings festgehalten werden, dass der Entwurf eines solchen historischen Horizontes nur ein »Phasenmoment im Vollzug des Verstehens« ist. Das bedeutet, er »verfestigt sich nicht zu der Selbstentfremdung eines

335 Ebd., S. 311; vgl. GW 2, S. 436.
336 GW 1, S. 311.

vergangenen Bewußtseins, sondern wird von dem eigenen Verstehenshorizont der Gegenwart eingeholt«.[337] Insofern geschieht im Vollzug des Verstehens eine »wirkliche Horizontverschmelzung, die mit dem Entwurf des historischen Horizontes zugleich dessen Aufhebung vollbringt«. Den »kontrollierten Vollzug solcher Verschmelzung« bezeichnet Gadamer als die »Wachheit des wirkungsgeschichtlichen Bewußtseins«. Wie sich der Entwurf eines historischen Horizontes konkret vollzieht und wie der Vollzug der Verschmelzung der Horizonte kontrolliert werden kann, wird allerdings nicht näher erläutert.

»Applikation«

Ein letztes entscheidendes Element von Gadamers philosophischer Hermeneutik bildet die »Applikation« oder »Anwendung«.[338] Gadamer bezeichnet die »*Aufgabe der Anwendung*« geradezu »als die zentrale Problemdimension der Hermeneutik«.[339] Denn die Anwendung ist kein »nachträglicher und gelegentlicher Teil des Verstehensphänomens«, sondern bestimmt es »von vornherein und im ganzen« mit.[340] Anders gesagt: »Applikation ist ein Moment des Verstehens selber.«[341] Mit dem Begriff der Applikation wird nun allerdings keine Anwendung von etwas vorgegebenem Allgemeinen auf eine besondere, konkrete Situation bezeichnet, sondern gemeint ist eine Art Aktualisie-

337 Ebd., S. 312.
338 Ebd., S. 312–316; vgl. auch GW 2, S. 442 f.
339 GW 1, S. 320.
340 Ebd., S. 329.
341 GW 2, S. 442.

rung eines verstandenen Textes für die bestimmte hermeneutische Situation des Interpreten:

> Der Interpret, der es mit einer Überlieferung zu tun hat, sucht sich dieselbe zu applizieren. Aber auch hier heißt das nicht, daß der überlieferte Text für ihn als ein Allgemeines gegeben und verstanden und dadurch erst für besondere Anwendungen in Gebrauch genommen würde. Der Interpret will vielmehr gar nichts anderes, als dies Allgemeine – den Text – verstehen, d. h. verstehen, was die Überlieferung sagt, was Sinn und Bedeutung des Textes ausmacht. Um das zu verstehen, darf er aber nicht von sich selbst und der konkreten hermeneutischen Situation, in der er sich befindet, absehen wollen. Er muß den Text auf diese Situation beziehen, wenn er überhaupt verstehen will.[342]

Mit diesem Theorem kommt erneut Gadamers Grundgedanke ins Spiel, dass »im Verstehen immer so etwas wie eine Anwendung des zu verstehenden Textes auf die gegenwärtige Situation des Interpreten stattfindet«.[343] Verstehen eines Textes der historischen Überlieferung bedarf stets einer »Umsetzung«, die als eine »Vermittlung mit der Gegenwart« erfolgt.[344] Konkret bedeutet dies, »daß die auf uns kommende Überlieferung in die Gegenwart hineinspricht und in dieser Vermittlung – mehr noch: *als* diese Vermittlung verstanden werden muß«.[345] Hermeneutik muss in-

342 GW 1, S. 329.
343 Ebd., S. 313; vgl. S. 329.
344 Ebd., S. 334.
345 Ebd.

sofern eine Applikationsleistung vollbringen, d. h. sie muss »ausdrücklich und bewußt« den Zeitenabstand überbrücken, »der den Interpreten vom Texte trennt« und dadurch die »Sinnentfremdung« überwinden, »die dem Texte widerfahren ist«.[346] Applikation ist also die hermeneutisch notwendige »Vermittlung von Damals und Heute, von Du und Ich«.[347]

Wie Gadamer plausibel zu machen sucht, gibt es daher nicht den idealen Leser,

> der, wenn er seinen Text vor Augen hat, einfach liest, was dasteht. In allem Lesen geschieht vielmehr eine Applikation, so daß, wer einen Text liest, selber noch in dem vernommenen Sinn darin ist. Er gehört mit zu dem Text, den er versteht. Immer wird es so sein, daß die Sinnlinie, die sich ihm beim Lesen eines Textes zeigt, notwendig in einer offenen Unbestimmtheit abbricht. Er kann sich, ja er muß sich eingestehen, daß kommende Geschlechter das, was er in dem Text gelesen hat, anders verstehen werden.[348]

Als Sinn von Applikation, der alle Formen des Verstehens konstituiert und prägt, kann Gadamer daher festhalten:

> Applikation ist keine nachträgliche Anwendung von etwas gegebenem Allgemeinen, das zunächst in sich verstanden würde, auf einen konkreten Fall, sondern ist erst

346 Ebd., S. 316; vgl. S. 339.
347 Ebd., S. 339.
348 Ebd., S. 345.

das wirkliche Verständnis des Allgemeinen selbst, das der gegebene Text für uns ist. Das Verstehen erweist sich als eine Weise von Wirkung und weiß sich als eine solche Wirkung.[349]

Versuch einer Zusammenfassung von Gadamers Ansatz

Die wesentlichen Komponenten von Gadamers hermeneutischer Philosophie lassen sich ungefähr zusammenfassen: Gadamers Projekt einer philosophischen Hermeneutik, das neben Heidegger auch Husserl und – bei aller Kritik – durchaus auch Dilthey verpflichtet ist,[350] verfolgt als Grundintention die Überwindung des Methodologismus und Objektivismus der älteren, ›traditionellen‹, historistischen Hermeneutik durch eine angemessenere Hermeneutik. Dabei beabsichtigt Gadamer keine neue, ausgearbeitete geisteswissenschaftliche Methodenlehre, etwa in der Nachfolge Diltheys zu entwickeln, sondern leistet eine philosophische Reflexion auf die Bedingungen des Verstehens, verfolgt also eine quasi-transzendentale Fragestellung: Es geht ihm nicht darum, »ein Verfahren des Verstehens zu entwickeln, sondern die Bedingungen aufzuklären, unter denen Verstehen geschieht«.[351] Ausgangsbasis seiner Überlegungen ist das Grundthema der menschlichen Endlichkeit und Geschichtlichkeit. Das impliziert die hermeneutische Bedeutsamkeit von Traditionen und das Getragensein durch Überlieferungen sowie die Anerkenntnis, dass Vor-

349 Ebd., S. 346.
350 Vgl. ebd., S. 5.
351 Ebd., S. 300.

urteile nicht als Behinderung oder Verfälschung, sondern vielmehr als notwendige Bedingungen des Verstehens zu akzeptieren sind.

Gegen die Betonung der Autonomie des Subjekts durch die Philosophie der Neuzeit macht Gadamer einerseits den Gedanken eines Primats von Tradition und Geschichte stark und bringt andererseits die Forderung ins Spiel, dass sich der Interpret daher dem überlegenen Anspruch und der Wahrheit des Textes zu öffnen habe.[352]

Gegen die romantische Hermeneutik Schleiermachers führt er an, Verstehen sei nicht die Rekonstruktion der Gedanken eines Autors, die der hatte, als er seinen Text verfasste, sondern vielmehr die Erfassung des Textsinns. Darüber hinaus ist Verstehen, wie er gegen den historistischen Objektivismus geltend macht, »nicht so sehr eine Methode, durch die sich das erkennende Bewußtsein einem von ihm gewählten Gegenstande zuwendet und ihn zu objektiver Erkenntnis bringt«, sondern hat vielmehr das »Darinstehen in einem Überlieferungsgeschehen zur Voraussetzung«.[353] Verstehen ist also keine Handlung eines autonomen Subjekts, sondern erweist sich als ein »Geschehen«, als ein Widerfahrnis, das die »Zugehörigkeit des Interpreten zu der Überlieferung, mit der er es zu tun hat«, voraussetzt.[354]

Der Begriff der Zugehörigkeit[355] wird von Gadamer dabei nicht inhaltlich gefasst, sondern bezeichnet nur die Offenheit eines Interpreten für die Ansprache durch die Tradition, in der er steht:

352 Vgl. ebd., S. 316 und 343.
353 Ebd., S. 314.
354 Ebd., S. 319; vgl. S. 465 ff., 469, 476, 488.
355 Vgl. ebd., S. 319 und 466 f.

> Zugehörig ist das, was von der Anrede des Überlieferten erreicht wird. Was so in Überlieferungen steht [...], muß auf das hören, was ihn da erreicht. Die Wahrheit der Überlieferung ist wie die Gegenwart, die den Sinnen unmittelbar offenliegt.[356]

Verstehen bedarf also keiner Kongenialität, wie die frühere Hermeneutik postulierte. Das ›Wunder des Verstehens‹ besteht für Gadamer vielmehr darin,

> daß es keiner Kongenialität bedarf, um das wahrhaft Bedeutsame und das ursprünglich Sinnhafte in der Überlieferung zu erkennen. Wir vermögen uns vielmehr dem überlegenen Anspruch des Textes zu öffnen und der Bedeutung verstehend zu entsprechen, in der er zu uns spricht.[357]

Philologische und historische Hermeneutik ist daher, darauf weist Gadamer mit Nachdruck hin, gerade kein Herrschaftswissen im Sinne Max Schelers (1874–1928), d. h. eine »Aneignung als Besitzergreifung«, »sondern ordnet sich selbst dem beherrschenden Anspruch des Textes unter«.[358] Im interpretierenden Tun bezieht der Philologe, wie der Klassische Philologe Gadamer schreibt, seine Texte auch auf sich selbst:

> Er läßt Vorbildliches als Vorbild gelten. In jeder Vorbildnahme liegt aber immer schon ein Verstehen, das nicht

356 Ebd., S. 467.
357 Ebd., S. 316.
358 Ebd.; vgl. GW 10, S. 130.

> mehr dahingestellt läßt, sondern das schon gewählt hat und sich verpflichtet weiß. Daher hat solche Beziehung seiner selbst auf ein Vorbild stets den Charakter der Nachfolge. Wie Nachfolge mehr als bloße Nachahmung ist, so ist auch sein Verstehen eine ständig neue Form der Begegnung und hat selber den Charakter des Geschehens, gerade weil es kein bloßes Dahingestelltseinlassen ist, sondern Applikation einschließt.[359]

Auslegen heißt folglich, »die eigenen Vorbegriffe mit ins Spiel bringen, damit die Meinung des Textes für uns wirklich zum Sprechen gebracht wird«. Anders gesagt: »Einen Text verstehen, heißt immer schon, ihn auf uns selbst anwenden.«[360] Das bedeutet aber im Umkehrschluss, dass es nach Gadamer auch »keine richtige Auslegung ›an sich‹ geben« kann, denn das geschichtliche Leben der Überlieferung besteht in der Angewiesenheit auf immer neue Aneignung und Auslegung.

Jede Auslegung ist insoweit gebunden an die jeweilige hermeneutische Situation, der sie zugehört. Dies will Gadamer aber nicht als ein Plädoyer für eine Subjektivierung der Auslegung verstanden wissen, denn der Anspruch auf Richtigkeit, der von jeder Interpretation erhoben werden muss, bleibt – so seine These – dadurch letztlich unberührt.

359 GW 1, S. 343.
360 Ebd., S. 401.

Verzeichnis der wichtigsten Begriffe

Zeittafel

1900 Hans-Georg Gadamer wird am 11. Februar in Marburg geboren.
1902 Die Familie zieht um nach Breslau; der Vater, Dr. Johannes Gadamer, übernimmt eine Professur für Pharmazeutische Chemie.
1904 Am 24. Mai stirbt die Mutter Emma Caroline Johanna (geb. Gewiese).
1905 28. August Wiederverheiratung des Vaters mit Hedwig (geb. Hellich).
1907–1918 Besuch der Schule zum Heiligen Geist.
1918 Abitur, im April Immatrikulation an der Breslauer Universität. Studienfächer: Germanistik, Kunstgeschichte, Philosophie, Psychologie, Geschichte, Orientalistik, Sanskrit.
1919 Sommersemester: Richard Hönigswalds Vorlesung *Einführung in die wissenschaftliche Philosophie*;
Sein Vater erhält einen Lehrstuhl an der Universität Marburg, daher zieht die Familie nach Marburg; Gadamer studiert u. a. Philosophie bei Paul Natorp und Nicolai Hartmann, Kunstgeschichte bei Richard Hamann, Romanistik bei Ernst Robert Curtius.
1920 Gadamer lernt Gerhard Krüger kennen.
1921 Sommersemester: Studium in München: Philosophie bei Moritz Geiger und Alexander Pfänder; Begegnung mit Karl Löwith.
1922 Promotion mit der Dissertation *Das Wesen der Lust nach den platonischen Dialogen* (bei Natorp und Hartmann); Rigorosum; August: Erkrankung an Kinderlähmung, viele Monate in Isolation. Erhält von Natorp Heideggers Typoskript *Anzeige der hermeneutischen Situation* (»Natorp-Bericht«)
1923 20. April: Heirat mit Frida Kratz (1898–1979);
Sommersemester: Aufenthalt in Freiburg; Gadamer nimmt an vielen Lehrveranstaltungen Heideggers teil und lernt die engeren Schüler (Oskar Becker, Walter Bröcker u. a.) kennen.
Vom 29. Juli bis 23. August verbringt er mit seiner Frau vier Wochen in Heideggers Hütte in Todtnauberg;
Oktober: Er wechselt zurück an die Universität Marburg, da Heidegger dort eine außerordentliche Professur erhält.

1924 Erste Veröffentlichungen über Hartmanns *Metaphysik der Erkenntnis* und *Zur Systemidee in der Philosophie.*

1925 April: Beginn des Studiums der Klassischen Philosophie bei Paul Friedländer.

1926 8. Oktober: Geburt der Tochter Jutta, deren Taufpate Karl Löwith wird.

1927 20. Juli: Staatsexamen in Klassischer Philologie; Einladung zur Habilitation bei Heidegger.

1929 16. Februar: Probevorlesung *Hegelsche und antike Dialektik*;
23. Februar: Habilitation in Philosophie bei Heidegger mit der Schrift *Interpretation des platonischen Philebos*; Antrittsvorlesung an der Universität Marburg, Privatdozentur in Marburg; Sommersemester: Beginn der Vorlesungstätigkeit.

1931 *Platos dialektische Ethik*, die umgearbeitete Habilitationsschrift erscheint.

1933–34 Lehrauftrag für Ethik und Ästhetik als Privatdozent an der Universität Marburg für das Wintersemester 1933/34.

1934/35 Lehrstuhlvertretung an der Universität Kiel (Richard Kroner).

1935/36 Wintersemester: Lehrstuhlvertretung in Marburg (Erich Frank); erstmalig Vorlesung *Kunst und Geschichte (Einleitung in die Geisteswissenschaften)*.

1937 20. April: Ernennung zum nichtbeamteten außerordentlichen Professor für Philosophie an der Universität Marburg.

1938/39 Sommersemester: Lehrstuhlvertretung an der Universität Leipzig (Arnold Gehlen).

1939 1. Januar: ordentlicher Professor für Philosophie an der Universität Leipzig;
8. Juli: Antrittsvorlesung an der Universität Leipzig: *Hegel und der geschichtliche Geist.*

1945 5. Juli: Dekan der Philologisch-historischen Fakultät.

1946 21. Januar: Wahl zum Rektor der Universität Leipzig.

1947 1. Oktober: Rücktritt vom Rektorat; Umsiedlung in den Westsektor; Anstellung an der Universität Frankfurt a. M., erst vertretungsweise, dann ab 1. Juli 1948 als ordentlicher Professor.

1948 23.–26. April: Wiederbegegnung mit Heidegger in Freiburg.

1949 28. April: Ruf auf den Lehrstuhl von Karl Jaspers an der Universität Heidelberg. Annahme am 2. September 1949, Ernennung zum 15. Oktober 1949;
Vom geistigen Lauf des Menschen. Studien zu unvollendeten Dichtungen Goethes.

1950 Herausgabe der Festschrift *Anteile* zum 60. Geburtstag Heideggers;
Scheidung von Frida Gadamer;
29. Juni: Umzug nach Heidelberg;
8. Juli: Heirat mit Käte Lekebusch (1921–2006).

1951 27. Mai: Aufnahme in die Heidelberger Akademie der Wissenschaften.

1952 Gadamer begründet zusammen mit Helmut Kuhn die Zeitschrift *Philosophische Rundschau.*

1957 19.–30. November: Cardinal Mercier Vorträge in Löwen (Belgien): *Le problème de la conscience historique* (*Über das Problem des historischen Bewußtseins*), veröffentlicht 1963 in französischer Sprache.

1960 *Wahrheit und Methode* und eine Festschrift zum 60. Geburtstag: *Die Gegenwart der Griechen im neueren Denken* erscheinen.

1961 Vortragsreise nach Italien; Begegnung mit Emilio Betti.

1966 Oktober: Er veranstaltet die Tagung der Deutschen Philosophischen Gesellschaft in Heidelberg *Das Problem der Sprache.*

1967 Der 1. Band der vierteiligen Reihe der *Kleinen Schriften* erscheint; 2. Band: 1967; 3. Band: 1972; 4. Band: 1977.

1967–1971 Debatte mit Jürgen Habermas über Hermeneutik und Ideologiekritik.

1968 14. Februar: Emeritierung, setzt aber die Lehrtätigkeit für mehrere Semester weiter fort;
Erste Vortragsreise nach Nordamerika, der in den nächsten Jahren weitere in verschiedene Länder (v. a. Italien) folgen werden.

1970 Die zweibändige Festschrift zum 70. Geburtstag erscheint: *Hermeneutik und Dialektik.*

1971 *Hermeneutik und Ideologiekritik* (mit Habermas u. a.)
Hegels Dialektik. Fünf hermeneutische Studien.

ab 1971 Ehrungen: u. a. Orden »Pour le mérite«, Reuchlin-Preis, Hegel-Preis, Karl-Jaspers-Preis, Hanns Martin Schleyer-Preis und eine Reihe von Ehrendoktoraten.

1973 *Wer bin Ich und wer bist Du?* erscheint, die Interpretation von Paul Celans *Atemkristall.*

1976 *Die Vernunft im Zeitalter der Wissenschaft;*
16. Dezember: Er hält anlässlich des Todes von Heidegger in Freiburg die Gedenkrede *Sein, Geist, Gott.*

1977 *Poetica. Ausgewählte Essays;*
Die Aktualität des Schönen. Kunst als Spiel, Symbol und Fest;
Philosophische Lehrjahre.

1978 *Die Idee des Guten zwischen Plato und Aristoteles.*

1980 11. Februar: Kolloquium zum 80. Geburtstag in Heidelberg: *Die antike Philosophie in ihrer Bedeutung für die Gegenwart.*

1981 25.–27. April: Erste Begegnung mit Jacques Derrida in Paris;
2.–9. Mai: Erstes Seminar am Istituto Italiano per gli Studi filosofici in Neapel.

1983 *Heideggers Wege. Studien zum Spätwerk;*
Lob der Theorie. Reden und Aufsätze.

1985 *Die Vielfalt Europas. Erbe und Zukunft;*
die ersten beiden Bände der zehnbändigen Ausgabe seiner *Gesammelten Werke* erscheinen.

1988 5.–6. Februar: Heidelberger Kolloquium mit Derrida und Philippe Lacoue-Labarthe über die philosophische und politische Tragweite von Heideggers Denken.

1990 11. Februar: Kolloquien zum 90. Geburtstag;
amerikanische Festschrift: *Festivals of Interpretation. Essays on Hans-Georg Gadamer;*
Gedicht und Gespräch. Essays.

1993 *Über die Verborgenheit der Gesundheit. Aufsätze und Vorträge;*
17. November: Erneute Begegnung mit Derrida in Paris.

1994 28. Februar: Seminar auf Capri mit Derrida und Gianni Vattimo über Religion.

1995 11. Februar: 95. Geburtstag. Der 10. und letzte Band der *Gesammelten Werke* erscheint.

1996 *Der Anfang der Philosophie.*

1997 Das von Grondin herausgegebene *Gadamer-Lesebuch* erscheint;
The Philosophy of Hans-Georg Gadamer. The Library of Living Philosophers Volume XXIV.
1999 *Der Anfang des Wissens.*
2000 Der Ergänzungsband zur Werkausgabe *Hermeneutische Entwürfe* erscheint. Festveranstaltung der Stadt und der Universität in Heidelberg aus Anlass des 100. Geburtstags; zwei Festschriften werden ihm gewidmet: *Hermeneutische Wege* und *Begegnungen mit Hans-Georg Gadamer.*
2002 13. März: Tod in Heidelberg.

Inhalt